vida de ESCRITOR

Desafios diários para entrar na rotina da escrita criativa

Lura Editorial

LEI ALDIR BLANC
Prefeitura Municipal São Caetano do Sul Secretaria de Cultura
Secretaria Especial da Cultura
Ministério do Turismo
Pátria Amada Brasil Governo Federal

vida de ESCRITOR

Desafios diários para entrar na rotina da escrita criativa

Gerente editorial
Aline Assone Conovalov

Preparação
Eduardo Carvalho

Diagramação
Sara Vertuan

Revisão
Luisa - Revisão e Etc

Capa
Lura Editorial

Lura Editorial – 2021
Rua Manoel Coelho, 500. Sala 710
São Caetano do Sul, SP – CEP 09510-111
Tel: (11) 4318-4605
Site: www.luraeditorial.com.br
E-mail: contato@luraeditorial.com.br

Dados Internacionais de Catalogação na Publicação (CIP)
(Câmara Brasileira do Livro, SP, Brasil)

Vida de escritor / [organizador] Eduardo Carvalho. 1ª Edição, Lura Editorial - São Paulo - 2021.

Vários autores.
ISBN: 978-65-86626-69-8

1. Arte de escrever 2. Estilo literário 3. Ficção - Arte de escrever II. Título.

CDD: 808.3

---

www.luraeditorial.com.br

APRESENTAÇÃO

Enquanto penso em como concentrar, em míseras palavras, tudo que nos aconteceu antes que este livro estivesse aqui, em suas mãos, prontinho para ser desvendado, me vêm em mente muitas emoções:

O MEDO foi a primeira delas que aprendi a domar na prática, trabalhando com livros. Transformar sonhos é um trabalho que vem carregado de muita ansiedade, muitas expectativas, muita carga emocional. Sinto só o medo de ousar ensinar ou encorajar mais e mais pessoas. Digo pessoas, pois eles mesmos entraram no barco, chamado *Jornada do Escritor: Movimento da Escrita – MoDE*, para os íntimos – sem se considerarem escritores para publicarem os seus textos sem desculpas, sem julgamentos.

Pessoas simples, como eu e você, leitor apaixonado.

PAIXÃO foi a emoção avassaladora que logo apareceu em mim e transpareceu para todos. Apaixonados sob tal ponto que logo transbordou a vontade de ensinar, passar o nosso ponto de vista, nossas histórias, ou seja lá o que nem nós mesmos teríamos ousado imaginar.

Simplesmente foi necessário dividir, nos doar. Doar-se para não pirar. E, na jornada, fomos nos descobrindo escritores. Pouco a pouco, vencemos os limites internos, exploramos barreiras impostas por nós mesmos, nosso perfeccionismo ou até por questões externas.

O escritor foi tomando forma, individualmente e coletivamente. Sentimos a cada passo, a ALEGRIA em estarmos sintonizados com a nossa vocação. A FELICIDADE em compartilhar histórias, muitas vezes de cunho pessoal, foi inesquecível. Um verdadeiro presente que ganhamos, juntos, com cada texto escrito e compartilhado de forma única e especial por pessoas simples, que resolveram se doar e embarcar na jornada do desconhecido mundo externo.

A satisfação em receber um "muito obrigado por compartilhar a sua história comigo" é o combustível de todo escritor.

A Vida de Escritor só começa, de fato, quando o inevitável MEDO é domado ao ponto de virar um combustível.

Espero que você, simples pessoa leitora-escritora, possa sentir um pouco dessas emoções ao se desafiar e se inspirar com cada texto deste livro.

Entre de cabeça, mas entre com muito mais alma, assim como fizemos um dia. O resultado está aqui, em suas mãos. Orgulho que se fala?!

P.S: Espero que eu possa também receber o presente de sua interpretação destes desafios. Não deixe de marcar a #luraeditorial e todos da nossa equipe! O prazer será todo nosso!

Aline Assone

Equipe da Lura, Maio de 2021.

APRESENTAÇÃO

O que você contaria a alguém com dois mil caracteres?

Os desafios que você está prestes a ler e aceitar são provas de que dá para emocionar, fazer rir e enriquecer o espírito com poucas palavras.

São textos de quem teve a coragem de vencer a timidez, a falta de confiança, a barreira do português como segunda língua, de gente que achava que escrever era só para intelectuais.

As próximas páginas trazem o coração inteiro de quem aceitou o nosso chamado de criar um desafio diário para outros colegas que queiram se aventurar pela escrita.

Ao todo são temas que cobrem dois meses de escrita. Chega de bloqueio criativo e da tela em branco, implorando para ser preenchida.

Com o livro *Vida de Escritor* você tem temas variados para não se sentir entediado, escrevendo sobre as mesmas coisas.

Tive o prazer de passar o último fevereiro com as pessoas que produziram esses desafios. Carrego um carinho por cada um que venceu os seus medos e decidiu participar conosco desta empreitada.

Tenho a honra de ser esta a minha primeira apresentação de um livro e quis Deus que fosse de um projeto tão especial quanto este.

Convido-o a escolher um desafio, escrever sobre ele, seguindo as regras dadas pelo(a) autor(a), postar nas redes sociais e marcar o perfil da Lura Editorial.

Garanto ser mais divertido e gratificante do que parece.

Eduardo Carvalho

CALINE CHAGAS

facebook.com/caline.silva.5/
instagram.com/calineschagas/
linkedin.com/in/caline-chagas-pmo-cc-mba-mbe-72b92814/

> *Essas palavras que escrevo me protegem da completa loucura"*, Charles Bukowski.

DESAFIO

Qual é a palavra mais engraçada, ou estranha, do português brasileiro para você? Na sua cidade ou região deve ter um monte delas e você nunca notou porque já faz parte do seu vocabulário. Escreva algo que mostre algumas palavras que você conheça e que são bem diferentes para muita gente.

"E agora, José?"

Estava lá o José na porta daquela espelunca. Queria chumbregar, fazer safadeza, o famoso *tchaca tchaca na butchaca*. Pegaria qualquer trubufu que aparecesse. Era só acenar que ele iria, estava numa seca dos infernos!

Era um capiau mocorongo, sem muita instrução, meio xexelento, coitado. Cabra mirrado, tão magro e branco que parecia até uma catenga. Não era bonito, tinha dentes tortos, cheio de pereba pelo corpo. Toda ziquizira o infeliz pegava, ficava sempre escangalhado.

De pouca leitura, história de vida difícil, nunca teve maciota. Vivia numa pindaíba lascada, não sobrava muita coisa para sem-vergonhices. Então juntou uns trocados, criou coragem e foi para aquele risca faca. Só tinha mundiça.

Colocou a sua melhor roupa, estava todo perfumoso, queria parecer um rastaquera. Entrou, pediu um birinaite e ficou olhando para ver se encontrava alguma songamonga fácil de pegar.

Foi quando viu Jurema, que estava no canto, era meio sem graça, parecia tímida, mas José não se importou, queria era pegar alguém. Chamou a menina, ofereceu uma bebida e uma gororoba qualquer. Jurema deu um sorriso sem dente e foi. Conversaram, dançaram bem coladinho. O piseiro estava bom.

Todo chistoso, disse: "vamo lá pra casa, Juju". Ela deu um sorriso, meio sem graça, e respondeu: "vou, sem faniquito nenhum". Sem pensar, José colocou Jurema na magrela e foi correndo para casa. Chegando lá, entrou pegando a Jurema. Nem percebeu que tinha mais de 20 pessoas em casa. Todo mundo ficou estatelado, olhando. José, assustado, falou: "o que vocês fazem aqui?". "Home", responderam, "hoje não é o aniversário da tua mãe?"

Ele, meio sem graça, se deu conta do rebuceteio que se meteu. "Oxe", disse, "tu acha que esqueci, foi? Só estava fazendo umas graças para animar". "E quem é essa daí?", perguntou a mãe dele. "Sei não, encontrei na porta, deve ser pedinte". Jurema, puta da vida, mandou ele se lascar e foi embora, coitada. Aí, depois disso, cantaram os parabéns.

E o José? Se lascou mesmo.

Agora é com você, topa o desafio? Não deixe de postar seu texto e marcar a Lura_Editorial nas suas redes sociais @lura_editorial

#luraeditorial #desafiovidadeescritor

MAYRA MOREIRA

instagram.com/mmoreira80
mayramoreira.wordpress.com/
facebook.com/mayra.moreira.9404/

DESAFIO

Descrever a rotina de uma manhã usando palavras que remetam à cor vermelha.

Acordei antes do meu despertador, em forma de maçã, tocar. Esfreguei os olhos e fiquei ali parada, com os olhos fechados, apenas admirando a cor da minha carne contra o sol.

Depois levantei, fui até a janela e olhei aquele céu avermelhado. Logo pensei: *"Nossa! Hoje o dia vai pegar fogo"*. Fui ao banheiro, fiz o que precisava, apertei a descarga, lavei o meu rosto com o sabonete de romã, que comprara no dia anterior, peguei a minha pasta *fire delicious* e escovei os dentes. Observei-me no espelho e percebi uma certa vermelhidão no meu rosto, mas não me sentia febril, por isso não me preocupei.

Fui até a cozinha, abri a minha geladeira colorada e a primeira coisa que os meus olhos encontraram foi aquela fatia de melancia brilhando. Pensei em comê-la, mas decidi que era melhor levá-la de lanche para o trabalho. Retirei a polpa da casca e a coloquei em um pote muito charmoso em forma de morango. Durante esse tempo, decidi o meu café da manhã, fiz um chá gelado de hibisco com frutas vermelhas que acompanhou maravilhosamente um resto de bolo Red Velvet que ganhei ontem. O bilhete em forma de coração e a rosa vermelha ainda estavam em cima da mesa. Depois de comer, fui para o quarto pensando no que vestir.

Tirei a minha camisola escarlate e a larguei sobre o meu travesseiro. Ele acordou e passou a mão naqueles cabelos ruivos que eu achava lindos. Abri o roupeiro, escolhi uma blusa coral, mas não encontrei uma saia que ficasse bem. Abri a porta dos vestidos e logo soube que o de cor de cereja era perfeito. Ele me olhou e sorriu, senti o rubor tomar conta de mim, mas não podia me atrasar. Passei o meu batom carmim, meu perfume de pitanga e dei *tchau*.

Quando estava na porta, ele gritou: "Amor, vou comprar pizza de calabresa para assistirmos ao jogo do Colorado hoje à noite!"

Agora é com você, topa o desafio? Não deixe de postar seu texto e marcar a Lura_Editorial nas suas redes sociais @lura_editorial

#luraeditorial #desafiovidadeescritor

VERIDIANA AVELINO

instagram.com/veridiana_avelino
medium.com/@veridianaavelino

> *Escreva algo que valha a pena ler ou faça algo que valha a pena ser escrito"*, Benjamin Franklin.

DESAFIO

Escreva sobre um animal.

Pode ser um animal de estimação ou qualquer outro animal que você admire.

Ela era uma cadela abandonada pela vizinha que se mudara. Como não tinha nome (era criada na rua), a batizamos de Amiga, porque ela era realmente digna de ser chamada assim.

Amiga já era a nossa amiga. Frequentadora assídua de nossa casa, sempre encontrava comida e afagos.

Sem lar, Amiga passou a ser "nossa", mas mantendo a sua individualidade: vivendo na rua, chegando em casa na hora que queria. Era toda emancipada.

Quando papai acordava cedo para ir ao mercado, ela o acompanhava. Voltava e esperava mamãe se arrumar para o trabalho, no posto de saúde. Com igual diligência, Amiga a seguia.

Entrava em casa sempre sorridente. Recebia o nosso carinho, beijos, abraços e saía. Era feliz, mas a vida de bandoleira ela nunca deixou. Resultado: apareceu grávida.

Ficamos felizes e a apoiamos.

Passaram-se meses e nasceram seis filhotes com a beleza e a bondade dela. Todo mundo na rua queria criá-los.

Mamãe, na sua inocência, preocupada com o bem estar de Amiga, organizou um cantinho no quintal, para que ela ficasse mais confortável e cuidasse dos filhos.

Para Amiga, um ser livre, nada disso importava. Ela saía e deixava os bebês chorando, o que não era problema porque a equipe de babás formada por nós estava de prontidão.

Mas mamãe, como mãe, achava errada aquela atitude e resolveu amarrá-la para que não fugisse e ficasse mais tempo com os filhotes, enquanto ainda precisavam dela.

Porém, contra a natureza ninguém luta. Amiga, silenciosamente, para não demonstrar ingratidão, tentou fugir daquelas amarras. Sem pensar, ela pulou o muro de casa. Infelizmente, a corda não era grande o suficiente para ela tocar o chão e ali ela perdeu a vida.

Eu e minha irmã estávamos em Natal quando mamãe ligou desesperada. Não dissemos nada. Caminhamos em silêncio até a praia. Sentamos e choramos, tentando aliviar a tristeza. Não vimos a beleza do mar. As lágrimas nos cegavam.

Papai levou Amiga e a enterrou num terreno cheio de flores, perto de um antigo roçado. Foi o último passeio que fizeram juntos.

RAQUEL GUEDES

instagram.com/raquelguedesvieira

"Escrever é também não falar. É calar-se. É gritar sem ruído", Marguerite Duras.

DESAFIO

Passamos por momentos difíceis em todos os aspectos da vida e ainda estamos passando por um.

Que mensagem você deixaria sobre isso para as gerações futuras?

Quando nascemos, todos esperam, ansiosos, aquele choro que celebra o fôlego da vida.

Aquele choro que sinaliza que está tudo bem.

Quantas vezes, na história da humanidade, essa cena ao nascer se repetiu?

A vida, tão bela, única, e que parece comum, normal.

Ao longo do tempo, banalizamos a vida, a sua essência.

Até que... tudo mudou.

Ninguém imaginou, nem passou perto de nossos pensamentos, o que viria.

Fomos surpreendidos pela... vida.

De uma maneira muito triste.

Ficamos escondidos, em nós, em nossas casas e em nossos sentimentos.

Falamos baixinho, tentando entender...

Driblando os males cotidianos e a morte que caminha livre e rápida pelos quatro cantos da terra.

Deixando um rastro de dor, culpa e tristeza sem fim.

Às vezes não dá tempo nem de assimilar e ela ceifa mais um, mais um e mais um...

Sonhos desfeitos, projetos destruídos e, pior ainda, corações partidos.

Então nos damos conta do fôlego da vida.

Esse que, desde que abrimos os olhos pela manhã, nos presenteia.

Simples, bonito. Todos os dias.

Totalmente gratuito.

E assim seguimos.

Só essa constatação é uma lição e tanto.

Mas como aprendemos no último ano.

E como vimos nossas fraquezas enquanto sociedade.

Temos lições diárias, e parece que não é o suficiente.

Então, nunca diga que aprendeu uma lição e que não vai repetir. Nós continuamos tirando nota vermelha em muitos aspectos na sociedade.

Infelizmente...

O fim chega rápido, sem aviso. Por mais que você espere ou saiba que ele vem.

Na verdade, lá no fundo, nós esperamos a vida. Sempre ela.

Então vamos lutar por ela, não vamos ajudar a sua opositora.

Porque quando essa vier, você estará só.

Agora é com você, topa o desafio? Não deixe de postar seu texto e marcar a Lura_Editorial nas suas redes sociais @lura_editorial

#luraeditorial #desafiovidadeescritor

MARIANA ALMEIDA

instagram.com/mari.alma_de_escritora
medium.com/@marialmeida41

DESAFIO

Escreva um texto que contenha pelo menos cinco nomes de lugares, objetos, localidades, curiosidades com o mesmo nome do(a) autor(a).

Quantas *Marianas* cabem neste mundo?

Mariana é uma jovem arquiteta que vive buscando novos desafios na vida. Recentemente, um de seus projetos venceu um concurso para restaurar um casarão histórico de Mariana, em Minas Gerais.

Era 26 de maio, último dia para a entrega do trabalho. Na parede do escritório havia um calendário, a folhinha Mariana, era dia de Santa Mariana, padroeira de Quito, no Equador. *Noite de lua cheia.* Isso só poderia ser um bom presságio.

O projeto estava pronto e a arquiteta quase cometeu um equívoco enviando o projeto para o e-mail da prefeitura de Santa Mariana, no Paraná. Ao enviar o projeto para o e-mail correto, seu computador parou de funcionar.

Desesperada, ela ligou para Rodrigo, seu amigo e técnico em informática, para ajudá-la. Mas, para sua falta de sorte, Rodrigo estava passando férias nas Ilhas Marianas, uma pequena ilha localizada no Mar das Filipinas e, por isso, estava incomunicável.

Por indicação de um vizinho, decidiu procurar uma loja de informática na Vila Mariana, no entanto, ela deveria se apressar porque a loja já estava fechando. O trânsito estava bem congestionado. Ela ligou o rádio para se distrair. Primeiro ouviu a música *Mariana conta 1* e rapidamente mudou de estação. Desta vez tocava uma música sertaneja raiz chamada *Adeus, Mariana*, quando ela chegou ao destino.

O técnico avaliou o notebook e perguntou se Mariana o emprestara a alguém. Isso porque ele fora utilizado para acessar camadas mais profundas da Web, contendo conteúdos mais pesados, incomuns, por isso o seu PC estava cheio de *malwares*, o que causou a pane na máquina. Ela se lembrou que emprestou seu notebook para Rodrigo que, provavelmente, acessou uma perigosa camada conhecida como Mariana's Web, nome dado por causa das fossas Marianas que é o lugar mais profundo dos oceanos na Terra.

Mariana usou um computador da loja e conseguiu enviar o projeto dentro do prazo. Quanto ao notebook, certamente cobraria muitas explicações de Rodrigo e uma máquina nova.

Agora é com você, topa o desafio? Não deixe de postar seu texto e marcar a Lura_Editorial nas suas redes sociais @lura_editorial

#luraeditorial #desafiovidadeescritor

EVELISE PIMENTA

instagram.com/evelise.pimenta.escritora
evelisepimenta.blogspot.com

> *Um escritor só escreve um único livro, embora esse livro apareça em muitos tomos, com títulos diversos",*
> Gabriel García Márquez.

DESAFIO

Que acontecimento está sendo comemorado hoje, seja na sua cidade, estado, país, ou no mundo? O centenário de alguma personalidade? O aniversário de algum evento que teve impacto na sociedade? Uma premiação? Uma tragédia?

Busque a Efeméride que mais lhe agrada e escreva sobre ela.

Há uma profunda e plena solidão, fria como o gelo, que abraça Aureliano naquela pequena aldeia junto ao rio cheio de pedras brancas e polidas. Não importa se é Aureliano, na verdade. O que é importa é a presença da solidão em seus vários aspectos, que abraça os indivíduos ou grupos, em ficções ou relatos da realidade, numa real crueldade que importuna e que engrandece a obra.

Psicólogos poderiam estudar se o desejo por externar a solidão vem da infância, certamente solitária, do ponto de vista parental, em um ambiente talvez cheio de histórias nem sempre felizes, mas introspectivas e eloquentemente reais, onde é meio que cada um por si, com os seus pensamentos e sua angustiante vontade de viver... ou sobreviver... mas já com caneta em punho e muitos pensamentos sendo colocados no papel.

Deus de uma obra gigante, esplendorosa e consagrada, relatou como ninguém a América Latina nos idos de 1960 aos anos 2000, levando a milhões de leitores a abrangência da vivência humana em compêndios que, juntos, ilustraram o Realismo Fantástico, que o levou a um Nobel de Literatura.

Foram contos, novelas, romances, roteiros, histórias de todos os tamanhos e de muitas cores, saídos de uma mente efervescente, comprometida com uma postura política, com uma literatura provocativa, e ainda assim humilde, postura esta que indicava mestres e referências literárias em sua vida.

Não se importava com a lógica das coisas, ou sua racionalidade. Ao contrário, sua obra por vezes trazia o absurdo como protagonista, em situações simplesmente impossíveis de serem explicadas. Talvez por isso mesmo sua obra teve tanto sucesso, levando os leitores a caminharem pelos mistérios e metáforas rumo ao desconhecido que não seria frustrante.

A solidão lhe abraçou também, no fim de sua vida, com a perda de memória. Um triste acontecimento para alguém que mudou os rumos da Literatura do século XX.

Hoje, em 6 de Março de 2021, sábado, Gabriel García Márquez, o Gabo, completaria 94 anos.

Agora é com você, topa o desafio? Não deixe de postar seu texto e marcar a Lura_Editorial nas suas redes sociais @lura_editorial

#luraeditorial #desafiovidadeescritor

A FILHO

instagram.com/afilho84
afilho84-modeon.blogspot.com

> *Há um tempo em que é preciso abandonar as roupas usadas, que já tem a forma do nosso corpo, e esquecer os nossos caminhos, que nos levam sempre aos mesmos lugares. É o tempo da travessia: e, se não ousarmos fazê-la, teremos ficado, para sempre, à margem de nós mesmos"*, Fernando Pessoa.

DESAFIO

Escreva sobre recomeços.

Quando se tem um sonho, uma vontade, um desejo, nunca é tarde para ir à luta e correr atrás daquilo que se quer. Há ainda aqueles que caem e se levantam, insistem em buscar o que quer. Independentemente da idade ou do tempo, quando se tem vontade, há *Esperança.*

Servira à família há gerações, cadeira acolchoada de braços, foi lugar de honra do vô depois do pai na parte de destaque à mesa: a cabeceira. Hoje não combina com a mobília ou papel de parede. A madeira forte e maciça ainda serve para elevar alguém a pegar algo sobre armários, ou trocar as lâmpadas. Útil não mais para se sentar. Verniz jaz sem brilho e descascado, riscado por crianças ou adultos distraídos, muitas ranhuras, quedas, arrastar em paredes em mudanças de casas. A decadência não reflete glórias do passado, quando crianças brigavam por ocupá-la ou quando a dona da casa se sentava, tímida e reverencial, no lugar do marido. Ocupação de poder.

A atual dona não gostava. O canto da sala era o quinto lugar que depositara. O marido herdeiro do móvel sentia afeto pelo assento que recebeu, por décadas, as bundas do seu pai e do seu vô. Representava o patriarcado, porém preferia a atual cadeira junto à mesa de jantar. O desuso, sua perda de função, seu peso viraram o terror da empregada por limpar algo inútil, que só acumulava poeira, e pior, com cuidado para não arranhar o chão. Cadeira pesada! Testemunhou notícias das gravidezes da vó, planos de mudança, aquisição da nova casa, compra de carro, brigas, acusações e até pedidos de divórcio, reconciliações. Ouviu histórias, contos, mentiras e confissões às vezes solitárias. Amparou choros, reflexões, porres e festejos. Mudava a cadeira, mas permanecia presente.

Não participava de nada importante, não mais na ebulição dos fatos. A família foi perdendo as memórias pela cadeira. Perdera o posto de trono. Estava relegada a uma mobília inútil, não um móvel de antiquário, mas móvel antiquado. Pela harmonia do lar o marido se convenceu desfazer da cadeira. Colocaram na rua. Não demorou, um homem, em um carro velho, a levá-la para o seu lar. Limpou-a, lixou, pintou, poliu e colocou no lugar de destaque, à cabeceira da mesa de jantar, lugar de honra, para ser usada nos momentos solenes, nas decisões importantes. Enfim, revigorada, voltou a ser o trono de poder da casa.

Agora é com você, topa o desafio? Não deixe de postar seu texto e marcar a Lura_Editorial nas suas redes sociais @lura_editorial

#luraeditorial #desafiovidadeescritor

CARLA FLORENCIO

instagram.com/caa_fsantos

> *Amor verdadeiro é você não se permitir desistir de tudo. Coragem, fé e paciência é a fórmula mágica",*
> Mack Monteiro.

DESAFIO

Revele as estranhezas que moram em você.

Já parou para conversar consigo mesmo em frente ao espelho? São nesses momentos em que deixamos nossos muros diários ruírem e que podemos ver o nosso interior verdadeiro. Olhe no espelho, deixe o que há dentro de você fluir, permita-se sentir, extravasar o que vem sentindo ultimamente.

Diante do espelho encontro-me nua. Nua de roupa. Nua de pudor. Nua de qualquer tipo de máscara. Passeio o olhar diante do espelho e reparo em cada partícula que faz parte do meu ser. Pintas, sinais, cicatrizes. A arte natural que habita o meu corpo, nascida de mim. Com as mãos leves, acaricio o meu braço, sentindo a textura da minha pele. Há umas novas inclusive que ainda não havia reparado.

Subo os olhos pelos meus ombros e pescoço, e finalmente chego ao rosto. Olho atentamente para os meus olhos. Permito-me ficar assim por vários minutos, analisando, memorizando cada parte do meu ser. Consigo ver todas as cores que compõem os meus olhos.

Olhos que tanto mostram, quanto tanto veem o mundo, algo que só eu tenho acesso. Qualidades, falhas, medos, sonhos, inseguranças, desejos. Tudo ali, exposto.

Permito abraçar-me. Sentir-me frágil e vulnerável diante de tantas coisas que vêm acontecendo. Abraço a minha dor e me consolo em segredo. E então, também permito me amar, agradecer e reconhecer o tanto de força que tenho dentro de mim diante de momentos de tanta incerteza, de tristeza e medo.

Reconheço que mesmo em meio ao caos, o viver dentro de mim é gostoso, é aconchegante, é gratificante. Pois, por mais difícil que seja e que por vezes pareça que não vou conseguir, acontece o contrário. Então adiciono mais uma pequena cor nessa tela, que é o meu ser, e levo cada dificuldade como um aprendizado. E sigo pintando das mais diversas cores em tons de aquarela essa vida que me foi permitida viver.

Agora é com você, topa o desafio? Não deixe de postar seu texto e marcar a Lura_Editorial nas suas redes sociais @lura_editorial

#luraeditorial #desafiovidadeescritor

VERIDIANA BORGES

instagram.com/veridianapborges
veridianaborges.medium.com
borapravidavb.wixsite.com/my-site

DESAFIO

O amor é a nossa força motriz. Há pessoas, seres (animais de estimação), ***hobbys*** que nos proporcionam "salvamentos" diários.

São como uma luz no fim do túnel, pois nos transmitem uma energia de paz, amor e tranquilidade diante das adversidades da vida. Fale sobre quem, ou o que, te salva todo dia.

O meu "salvador" é um ser iluminado e cheio de peculiaridades. O seu sorriso é encantador, impossível resisti-lo, e ele se aproveita desse encanto para me cativar cada dia mais. Quando os nossos olhares se cruzam, há uma conexão, algo inexplicável, coisa de alma, sabe? Há cumplicidade, há sinceridade, há salvação.

O seu abraço é o melhor lugar do mundo, cheio de paz, de entrega. Como é bom permanecer dentro desse abraço tão bucólico e cheio de ternura. Quando ele me chama, meu coração transborda de gratidão e é inundado por um amor tão singelo e profundo. Sinto-me a pessoa mais importante do universo, é o meu maior e melhor "cargo".

Ele veio ao mundo para alegrar a vida de muitas pessoas, mas a minha ele veio para salvar e iluminar. Tornei-me menos egoísta, mais paciente, menos insensível, mais tolerante diante da vida e das pessoas. É incrível como ele consegue extrair de mim o que eu tenho de melhor, de mais puro e de mais profundo. Nunca amara alguém assim, nunca fui cativada dessa forma. Esse amor é algo transcendental, difícil colocar em palavras. Não consigo explicar, apenas sentir.

Ele é o meu pequeno príncipe que encanta, canta, dança, salta, sorri, chora, brinca e faz sapequices, como toda criança. Faz mais de um ano que estamos longe em função da pandemia. No entanto, não há um dia em que ele não esteja em meus pensamentos. Fico imaginando o que ele está fazendo. Recordo dos nossos passeios, as noites em que ficávamos juntos brincando, comendo batatinha e tomando sorvete.

Além disso, fico inventando conversas imaginárias entre nós. Pode parecer maluquice, mas isso me salva todo dia das minhas incertezas, dos meus medos. Isso me fortalece diante das adversidades e me faz persistir.

O meu "salvador" se chama Lorenzo, meu pequeno grande amor que me fez descobrir que amor de avó, não é amor de mãe com açúcar, mas amor de mãe com melado, que faz a gente se lambuzar de paixão, gratidão e ternura. Um amor que salva a alma, transforma a vida e acalenta o coração.

Agora é com você, topa o desafio? Não deixe de postar seu texto e marcar a Lura_Editorial nas suas redes sociais @lura_editorial

#luraeditorial #desafiovidadeescritor

YEDDA ROSSETTO MARIANO

instagram.com/yeddarm
medium.com/@yedda

"*A leitura engrandece a alma*", Voltaire.

DESAFIO

Escreva sobre o que tem em mente neste momento.

Não se preocupe com regras ortográficas, o importante é se concentrar no que gostaria de comunicar agora.

Estava sol, ela era da cor da alegria, sim... uma borboleta, não igual as outras, essa tinha um espírito livre e não gostava de pousar nas plantas onde os humanos tinham fácil acesso. Já disse, ela era diferente...

Voava muito alto e rapidamente percorria todo o campo florido. Tentei várias vezes me aproximar dela, mas sem sucesso. Ela não estava lá por minha causa, estava simplesmente sendo livre.

Tem pressa, é hábil, não se deixaria capturar facilmente.

No dia seguinte eu a vi novamente. Reparei que tem algo de constante nela, sua vontade de não ficar em um só lugar, se é que isso pode ser considerado estável.

Está obstinada a ser diferente, parece incansável em ficar no ar. Seu bater de asas é incessante, estava determinada a fazer o que tinha que fazer. E eu... continuava perseverante em descobrir o que havia por trás dessa inconstância.

Refleti melhor por um tempo e acabei descobrindo o que ela queria me ensinar. Acontece que o ato de escrever é parecido, ter uma rotina para escrever não é tão fácil uma vez que o pensamento é solto. Vem e vai quando quer. Às vezes fica por um tempo conosco e às vezes escapa, como se tivesse vontade própria.

Pessoas adiam tarefas na esperança da inspiração vir no dia seguinte, entretanto isso nem sempre é verdade. Assim, o desafio está em se concentrar o suficiente para manter a atividade sempre ali. Escrever sem regras pode ajudar em um primeiro momento, pois o foco estaria nas ideias. Logo depois de escrito é possível amadurecer o pensamento e partir para o ato de lapidar o texto.

Muitas vezes esquecemos que a escrita também é caos e que mesmo em local inadequado, onde nem tudo está sob o nosso controle, onde ruídos ou pessoas tiram a atenção, ainda assim, é possível nascer um ambiente de criação, porque escrever é ser livre, é não ter medo, é curar, é se abrir, é se mostrar. Respeite o seu tempo, não se preocupe com a perfeição, tudo pode ser adaptado num segundo momento. Escrever é um ato de liberdade, então liberte-se!

Agora é com você, topa o desafio? Não deixe de postar seu texto e marcar a Lura_Editorial nas suas redes sociais @lura_editorial

#luraeditorial #desafiovidadeescritor

FÉLIX BARROS

instagram/felixcbarros
facebook/felixcbarros
felixbarros.com.br

DESAFIO

Tantos autores recorrem ao auxílio luxuoso da música para exercer o seu ofício.

E se em vez de apenas preparar o ambiente para o trabalho com a nossa trilha sonora, nos servíssemos das letras das músicas para elaborar o nosso texto?

— Não quero mais amar a ninguém!

— O que é que tá se passando com essa cabeça?

— Eu não sou água pra me tratares assim. Só na hora da sede é que procuras por mim.

— Olha nos meus olhos. Esquece o que passou.

— Deixe em paz o meu coração, que ele é um pote até aqui de mágoa.

— Eu não desisto assim tão fácil, meu amor.

— Não posso ficar. Eu juro que não.

— Você cortou o barato do meu amor.

— Chega de tentar dissimular e disfarçar, e esconder o que não dá mais pra ocultar.

— Não sou, nem quero ser, o seu dono.

— Tudo que esperei de um grande amor era só juramento, que o primeiro vento carregou.

— Eu quero que você me pegue, me aperte, me abrace, me beije e me ame.

— Eu não quero mais ser da sua vida, nem um pouco do muito de um prazer ao seu dispor.

— Me perdoe se eu insisto nesse tema.

— Eu desisto.

— Ah! Se se eu te pudesse fazer entender...

— Você não está entendendo quase nada do que eu digo.

— Que queres tu de mim?

— Te amar sem limites, viver uma grande história.

— Não posso mais alimentar a esse amor tão louco. Que sufoco!

— O fato é que a gente perdeu toda aquela magia.

— Infelizmente nem tudo é exatamente como a gente quer.

— Falo pelo meu coração. Tudo acabou, nada mais.

— Qualquer um pode se enganar.

— Você abusou. Tirou partido de mim.

— Não pense na separação. Nós somos feitos um pro outro. Pode crer.

— Hoje eu quero sair só. Me deixa em paz, que eu já não aguento mais.

"Ah! Não existe paz quando o adeus existe. Aonde quer que eu vá, levo você no olhar. Se eu não te amasse tanto assim... mas tudo passa. Vou me recuperar. Pra nunca perder esse riso largo e essa simpatia estampada no rosto. Para quê chorar? A vida é mesmo assim."

Agora é com você, topa o desafio? Não deixe de postar seu texto e marcar a Lura_Editorial nas suas redes sociais @lura_editorial

#luraeditorial #desafiovidadeescritor

CÉU PASSOS

instagram.com/ceu_passos

> *Não se pode escrever nada com indiferença"*, Simone de Beauvoir.

DESAFIO

Escreva sobre sonhos.

Todos nós sonhamos. Uns lembram, outros não. Sou uma pessoa que sonha quase todas as noites sonhos que consigo lembrar com detalhes, e por isso tenho por hábito anotá-los em um caderno assim que acordo. Fui orientada a fazer isso quando fiz sessões de terapia com uma psicóloga junguiana.

Meus sonhos mais marcantes ocorreram em três ocasiões distintas e sequenciais. No primeiro sonho um leão me perseguia, eu corria e na minha frente havia um alambrado.

Eu consegui subir pelo alambrado e passar para o outro lado. O leão parava e ficava me olhando. Eu sentia o hálito quente dele bufando bem na minha frente.

No segundo sonho, ocorrido alguns dias depois, eu estava em um haras e caminhava pela pista de corrida dos cavalos. Ao meu lado havia uma pessoa, um homem, talvez, quando de repente veio em nossa direção um leão. Eu ameaço parar de andar, mas ouço a pessoa que está comigo dizer que eu não devo temer e que devo continuar andando.

Eu sigo. O leão chega à nossa frente, nos rodeia, para do meu lado e segue caminhando junto.

Já no terceiro sonho me vejo andando na rua com uma jaguatirica no colo. É um animal maior que um gato e menor que uma onça. Neste sonho o animal só se acalma se ficar nos meus braços.

Quando falei com a terapeuta sobre estes sonhos ela me explicou que os nossos temores, algumas vezes, tomam a forma de feras. No meu caso, a fera primeiro me persegue, depois caminha ao meu lado, marcando presença, e por fim em meu colo, demonstrando a sua entrega. Com a jaguatirica no colo assumi o controle dos meus medos.

E para que serve sonhar? Para o neurocientista Sidarta Ribeiro, em seu livro *"O oráculo da noite: a história e a ciência do sonho"*, os sonhos reativam as memórias e revelam os desejos e temores dos que sonham. Assim permitem trazer para a consciência a construção de um desejo que precisa ser elucidado.

Imagine, portanto, a riqueza de personagens e histórias que poderiam ser contadas à partir do mundo onírico!

Agora é com você, topa o desafio? Não deixe de postar seu texto e marcar a Lura_Editorial nas suas redes sociais @lura_editorial

#luraeditorial #desafiovidadeescritor

JOHN PINHEIRO

instagram.com/pinheirojohn02

> *Nothing is at last sacred but the integrity of your own mind",* Ralph Waldo Emerson.

DESAFIO

Escreva sobre o seu ateliê.

PINTURA

O cavalete armado com a tela
e uma tinta cor de mel.
Ela olhou para as árvores,
olhou também para o céu.
Procurou inspirações por todo lado
para pintar com o seu pincel.

Mas com a sala bagunçada,
ela nada conseguiu pintar.
Tentou olhar para o fundo
e nada conseguiu lhe inspirar.
Faltava um pouco de atenção
para a criatividade libertar.

Ela saiu do quarto
e andou pela casa toda.
Pegou um bloco e uma caneta
e começou a rabiscar as suas folhas.
Tentou entender o que se passava
e a razão das suas escolhas.

Depois voltou para a tela
com a mente organizada.
Ela pegou outras tintas
e fez suaves pinceladas.
Foi de baixo à cima
até pintar a sua alma.

Agora é com você, topa o desafio? Não deixe de postar seu texto e marcar a Lura_Editorial nas suas redes sociais @lura_editorial

#luraeditorial #desafiovidadeescritor

JULIANA PELLICER RUZA

instagram.com/jupellicer
facebook.com/juliana.p.ruza
jupellicer.medium.com
juliana.blog.br
twitter.com/julianapellicer

DESAFIO

O escritor precisa fazer o seu trabalho independente das condições do ambiente.

Escreva sobre como você dribla os obstáculos do dia a dia para continuar escrevendo.

Escrevo como quem está prestes a perder o ônibus. Poucos minutos de manhã, muito bem aproveitados. Despejo as palavras no papel para trabalhá-las outro dia e levar um texto excelente aos leitores.

Escrevo como quem foge de um leão. Sem olhar para trás, para contemplar o que estou escrevendo. Não paro para corrigir os erros. No máximo, tento evitar os que já reconheci.

Escrevo como quem apaga luzes pelo caminho. A estrada à frente ainda está escura e não vejo mais o que passou. Só há o presente, as palavras que escrevo agora. Assim que atingem o papel, não posso voltar.

Escrevo como quem faz prova à caneta. Não posso apagar o que já escrevi. Riscar palavras não me devolverá as preciosas linhas que preciso para concluir o raciocínio. Mais importante do que chegar ao fim da página é a jornada até ali.

Escrevo como quem observa o leite derramado no fogão. Não se corrige o sentimento que já foi sentido, não se apaga o pensamento já pensado. Não há o que fazer depois que as emoções levantam fervura.

Escrevo como quem constrói uma escada. Cada palavra e frase permite que se alcance a próxima ideia. Degrau por degrau e chego ao topo. Sabe-se lá quantas páginas preenchidas, mas é material suficiente para trabalhar por um bom tempo.

Escrevo como quem não pode fazer outra coisa. A vocação para escrever é irresistível. O computador chama, a caneta convida a uma frase, a leitura insiste em provocar: *"Como essa personagem agiria se eu fosse a autora do livro?"*. Digo a mim mesma: *"Você se expressa melhor por escrito. Escreve o que sente com facilidade, mas se embanana para explicar em trinta segundos o que aconteceu de manhã"*. Não há escapatória. Escrever é uma necessidade e é só o que posso fazer.

Escrevo como quem enxerga o alvo. Sem pensar se minhas ideias são iguais, piores ou melhores do que as dos outros, considero só um objetivo: *o texto*. A primeira versão será aperfeiçoada antes de chegar ao leitor. Agora só devo colocar no papel.

Escrevo como quem já possui aquilo que quer alcançar.

Agora é com você, topa o desafio? Não deixe de postar seu texto e marcar a Lura_Editorial nas suas redes sociais @lura_editorial

#luraeditorial #desafiovidadeescritor

ZILMA ASSAD

instagram.com/zilmaassad
www.zilmaassad.com.br

"*Um país se faz de homens e livros*", Monteiro Lobato.

DESAFIO

Esquecida na fase adulta, agora a fábula retornará no desafio do seu texto diário. Escreva uma fábula contando um fato significativo que aconteceu na escola. Como foi a sua experiência no Ensino Fundamental, Ensino Médio, ou até mesmo no Ensino Superior? O que tirou de bom dessa experiencia?

Ou não foi tão bom assim?

— Acorde, minha passarinha – despertou-me a minha mãe.

— Não quero ir para a escola, estou com dor de garganta – piei, rouca.

— Então vamos consultar com o doutor Trinca-Ferro, ele é especialista em garganta.

— Não precisa, logo estarei melhor – respondi rapidamente.

— Então vai para a escola, minha Garcinha.

— Não quero – enfatizei.

— O que houve? – bateu as asas, preocupada.

— Não gosto da escola, mãe, não quero mais ir lá – falei, chorosa.

— Aconteceu alguma coisa? Alguma ave magoou você – inquiriu mamãe.

Fiquei em silêncio.

— Filha, se alguma ave entristeceu você de alguma forma, saiba que existe a Lei do Retorno e essa Lei é infalível.

Confiando no que minha mãe disse e fui encarar mais um dia de humilhação.

Chegando à escola, a Canarinha, líder do coral "Voz de Ouro", a preferida dos jovens passarinhos, veio ao meu encontro.

— Fala, pernalta desajeitada, já aprendeu a cantar?

— Ainda não...

— Sua atrapalhada, você nunca vai cantar – gargalhou. — Mal consegue andar, imagine cantar. Nunca entrará no meu coral, sua garça sem graça – saiu gorjeando com a Bem-te-vi, a Curió, a Sabiá, a Uirapuru, a Pixoxó e a Papa-Capim.

E como todos os dias acontecia, fui humilhada por ser diferente das passarinhas cantoras. Cabisbaixa, caminhei para a sala de aula. Mal prestava atenção na matéria apresentada pelo professor Azulão. Eu não poderia mais aguentar tanta afronta, mas não sabia como agir. Quando a Lei do Retorno entraria em ação?

Num certo dia, enquanto o coral de pássaros "Voz de Ouro" ensaiava a sua cantoria, uma grande tempestade ocorreu. Impossível um passarinho conseguir voar de tão forte o vento. A escola desabou de cima da árvore e a enxurrada a levava para longe. Só os pássaros pernaltas conseguiram escapar.

Moral da história: não se abata com a maldade dos outros. A Lei do Retorno tarda, mas não falha.

Agora é com você, topa o desafio? Não deixe de postar seu texto e marcar a Lura_Editorial nas suas redes sociais @lura_editorial

#luraeditorial #desafiovidadeescritor

JAIRO SOUSA

instagram.com/jairomsc07
profjairo07.blogspot.com.br

Maravilhas nunca faltaram ao mundo; o que sempre falta é a capacidade de senti-las e admirá-las",
Mario Quintana.

DESAFIO

O mundo pós-pandemia da década de 2020 trouxe uma imperiosa mudança no modo de vida da sociedade, nas relações pessoais e nos valores sociais. Foram criados hologramas para cada habitante da terra. O isolamento social trouxe o caos mental e psicológico à humanidade, já que não podia se relacionar normalmente com o outro, as pessoas viviam sozinhas, então houve a necessidade de criar os hologramas, mas nem tudo é perfeito.

Escreva sobre isso.

Outro dia, quando acordei, ele já estava ao meu lado. O meu holograma é minha companhia confirmada em todas as situações. Perguntei para a minha mãe porque temos hologramas, quando surgiu essa ideia, essa invenção.

Ela ficou reticente por alguns segundos:

— Meu filho, no ano de 2020 aconteceu algo terrível que abalou toda a humanidade, todos os países, ricos e pobres, economia desenvolvida ou não. Surgiu um inimigo invisível, chamado de *novo coronavírus*. Foi avassalador. Fechou escolas, comércios, aeroportos, restaurantes, superlotou hospitais, escancarou nossas fragilidades humanas. Fomos obrigados a usar máscaras, não podíamos pegar na mão dos amigos, muito menos abraçá-los. Os idosos tiveram que ser segregados para não serem contaminados, mas a solidão os adoeceu. O governo reuniu os cientistas e pediu para que pensassem em algo para resolver o problema de solidão. Eles, então, criaram os hologramas, primeiro começou com os idosos e depois, para cada criança nascida, nascia também um holograma para lhe fazer companhia.

— Mãe, a senhora acha que resolveu o problema?

— Sim, meu filho, veja, você nunca está só, sempre tem a companhia do seu holograma.

Meu holograma ouvia toda a conversa e resolveu fazer coisas inimagináveis.

Saiu do meu quarto e foi pegar o violão do meu pai para tocar, mas ele não conseguia pegá-lo. Quis tomar da minha mão o controle do meu game, mas não conseguiu, ele ficou triste no canto.

Não queria mais conversar, ficou revoltado.

— Por que eu não consigo fazer as coisas que você faz?

— Holo, você não é humano!

— Eu sou, sim! Sou eu que deixo você mais contente, te ajudo nas tarefas escolares, te oriento a passar de fases nos teus jogos!

— Mas você é apenas uma inteligência artificial!

— Não, não sou, eu sou mais do que isso. Não quero mais ficar aqui, eu vou embora!

O Holo queria ser eu, mas ele era só uma luz refletida e refratada. Como explicar isso a ele.

No final da tarde, ele apareceu, mas não pediu desculpas.

Agora é com você, topa o desafio? Não deixe de postar seu texto e marcar a Lura_Editorial nas suas redes sociais @lura_editorial

#luraeditorial #desafiovidadeescritor

PAULO MACIEL

instagram.com/paulovasques79

> *"Na Natureza nada se cria, nada se perde, tudo se transforma"*, Antoine Lavoisier.

DESAFIO

Como se fosse um alquimista, misture um primeiro componente que pode ser o início de uma história que você conhece, ou de um filme, ou um livro, por exemplo, com um segundo componente, como o meio de outra história, e deixe a natureza da sua criatividade transformar essa alquimia em algo novo para o Universo.

Brincar com o meu filho é uma atividade que tenho enorme prazer em realizar, e semana passada, enquanto ele montava um castelo com peças encaixáveis, perguntei se não teríamos um alçapão naquele palácio tão bonito.

— Mas para que um alçapão, pai?

— Quem sabe o pirata Willy Caolho não deixou um tesouro escondido, enquanto fugia do rei da Inglaterra, depois de saquear vários outros palácios?

Ele arregalou os olhos. Só de ver a sua expressão, conseguia sentir o seu coração acelerado pela adrenalina. Com sete anos de idade, poucas pessoas ouviram falar do Willy e continuei:

— Ou então o grande dragão de sete cabeças, Tiamat, está escondido, apenas esperando um grupo de heróis com os seus mais diversos poderes para desafiá-lo.

— Um grupo de heróis contra um dragão de sete cabeças? Nem se eles fossem mil conseguiriam. Impossível, pai.

— E se nesse grupo tivesse um arqueiro com um arco diferente, capaz de lançar flechas energizadas, um bárbaro com um tacape que quando bate no chão, pode causar um terremoto, uma amazona que salta distâncias enormes com a sua lança, um guerreiro com um escudo impenetrável, um mago que aprendeu magias com Merlin e uma ladina que tem uma capa que a torna invisível?

Como se congelasse ao ouvir sobre a poderosa turma, ele parou o movimento que estava fazendo, de ajeitar uma das bandeiras do reino, sorriu, inclinou a cabeça e lançou-me o olhar mais curioso e eletrizante que presenciei em toda a minha vida.

— Mas por que eles iriam desafiar um dragão de sete cabeças?

— Porque ele está sentado no tesouro do Willy Caolho e dentro do baú existe uma joia que abrirá um portal e os trará de volta ao mundo que eles viviam antes...

Agora é com você, topa o desafio? Não deixe de postar seu texto e marcar a Lura_Editorial nas suas redes sociais @lura_editorial

#luraeditorial #desafiovidadeescritor

GIL BHRAS

instagram.com/gil.bhrasartes
facebook.com/gill.bras.cunha

> *"Não espere o momento certo para escrever. Simplesmente acerte seu momento"*, Gil.

DESAFIO

Quem nunca teve um pertence que nunca foi devolvido? Você nem sempre precisa emprestar aquela roupa ou aquele livro favorito para um amigo. Mas, diante das circunstâncias e amizade, fica difícil dizer não.

Escreva sobre uma situação de EMPRÉSTIMO que você vivenciou, ou um parente ou amigo lhe contou.

Desde criança que não me importava em emprestar as minhas coisas, mesmo porque morava num bairro pobre e minhas amigas eram filhas das vizinhas de minha mãe. Eu era igualzinha a elas quando se tratava de questão financeira. Assim, quando uma precisava sair, logo ia para casa da coleguinha que tinha mais afinidades para pedir algo emprestado. Geralmente era uma blusa ou um sapato. Esses eram os mais solicitados. Eu não tinha nada a me apegar a ponto de não querer emprestar, até que um dia ganhei um livro de presente. Li e reli várias vezes. Pensava que ninguém ia me pedir emprestado, até que a minha melhor amiga, ao me ver lendo com tanto entusiasmo, me disse que queria ler depois. Fiquei calada. Depois fui pensar e, na minha cabeça sempre vinha que eu não podia ser egoísta, que livro era para isso mesmo, atingir o maior número de leitores possíveis, e que ela era a minha amiga. Pronto! Emprestei, mas avisei que gostava muito dele e era para ela me devolver assim que terminasse de ler. Passou muito tempo e nunca o recebi de volta. Demorou muito até que tomei coragem e falei com ela. Para a minha surpresa ela perdeu o livro antes mesmo de terminar de ler – outra colega me falou – e ainda deu uma de esquecida, pois não lembrava que tinha pego comigo. Fiquei muito decepcionada e a partir daquele momento posso emprestar qualquer coisa, mas os meus livros não!

Há quem seja contra o empréstimo de livros, e esses têm um argumento forte para justificar a sua postura: por mais que confiemos em quem pediu o livro emprestado, há uma enorme chance de que o livro não seja devolvido.

Assim a decisão de emprestar um livro é, em sua natureza, um gesto de amor à leitura.

O mundo está diferente. Ninguém nunca veio pedir o meu Kindle emprestado. Mas enquanto tivermos livros impressos, que espero sempre contar com eles, nos veremos frequentemente diante dessa dúvida de emprestar ou não emprestar um livro.

Agora é com você, topa o desafio? Não deixe de postar seu texto e marcar a Lura_Editorial nas suas redes sociais @lura_editorial

#luraeditorial #desafiovidadeescritor

MARIANA FILIZZOLA

instagram.com/filizzolart

> Respiro e persigo
> *uma luz de outras vidas.*
> *E ainda que as janelas se fechem, meu pai*
> É certo que amanhece."
> Hilda Hilst

DESAFIO

Escreva um texto, cujo narrador seja um objeto inanimado.

Já perdi as contas de quantas gerações dessa família já servi. Acompanhei a ascensão e a queda de reinados invisíveis. Sempre aqui, silenciosa. Mesmo depois de oferecer a minha lealdade, meus anos de vida, fui deixada aqui. Todos já foram. Houve uma época em que um jovem vinha e produzia doces melodias comigo... mas não me lembro o que aconteceu com ele. Deveria ter fugido com ele quando tive a chance...

Agora, agentes vasculham todos os cantos da casa...

Todos já foram...

Não sei contar (o que seria muitíssimo útil agora), nunca tiveram interesse em me ensinar, mas sei que muito tempo passou. Sei porque nojentas pragas tomaram o que um dia fora o jantar. O cadáver apodreceu e as pragas também o tomaram. O cheiro devia estar insuportável. Eu não tenho certeza, já que não sinto cheiros. Contudo, um vizinho invadiu a propriedade usando um lenço amarrado no rosto. Não foi muito difícil, não havia ninguém para impedir a entrada. Vendo o que viu, logo chamou vocês.

Ah, que saudade dos antigos jantares! Todos tão felizes... as luzes das velas ressaltavam o meu brilho. Ficava belíssima! Vocês talvez não acreditariam... estou empoeirada e suja... insetos nojentos me usaram como casa. Logo eu! Era a estrela dos jantares, a preferida dos chefes, sou feita do mais fino cristal. Fui modelada com delicadeza.

Naquela noite, senti que algo estava errado com os meus chefes... percebi a agitação.

Confesso que não iria dizer nada, mas percebo os seus olhares, sei que irão atrás de mim.

Como ia dizendo, percebi a agitação deles... era algo sutil e, talvez, se não tivéssemos tantos anos de convívio, não notaria nada. Eu, sabendo que desempenharia um grande papel naquela noite, me esforcei para ser o mais impressionante possível. O vinho, rubro, foi de encontro a mim. Rubro, como sangue. De repente, outra coisa... algum líquido é colocado... eu o reconheço, de muito anos atrás. Apenas um gole...

E ele estava no chão.

Todos já foram...

Agora é com você, topa o desafio? Não deixe de postar seu texto e marcar a Lura_Editorial nas suas redes sociais @lura_editorial

#luraeditorial #desafiovidadeescritor

ANDREA LARRUBIA

instagram.com/andrealarrubiaoficial

DESAFIO

Quantas vezes você se apaixonou e não pôde viver aquela paixão?

Quantas vezes o amor bateu, de maneira irracional, pois você sequer conhecia aquela pessoa tão sonhada e era apenas você que fora presenteado por aquela sensação? Já imaginou colocar essas histórias todas que você, com uma mente fértil que o escritor tem, praticamente vivenciou, de uma maneira tão viva, que somente as histórias podem fazer?

Quantas vezes pensei que me apaixonar era algo ruim. E muitas vezes era! Como doía, dilacerava. Eu me perguntava que desgraça era essa de viver tudo com tanta intensidade. Você deve estar pensando que se apaixonar é algo tão bom! Certamente é, quando se é correspondido. Seus dias de dor acabaram, escritor!

Tantas histórias eu vivi na minha mente e aconteciam claramente e detalhadamente: das primeiras falas ao me apaixonar, indo até "— *Pode beijar o noivo*". Tudo isso acontecia numa velocidade tão grande! Não é exagero. O que se sente nunca é, ainda mais falando de algo tão sublime como a paixão e o amor.

Há quem acredite que o amor demora muito para acontecer. Para muitos pode ser que sim, mas não para nós, escritores. Nós criamos mundos, quantas emoções sentimos na pele e depois transpassamos para o papel.

Falando de paixões, quantas arrancam um pedaço da nossa alma por ter o nosso destino cruzado com aquela pessoa, que por algum motivo não ficou em nossas vidas. São tantos: diferença de idade, o outro simplesmente não te viu, você chegou na vida dele por pouco – se não fossem por alguns anos ele ainda seria solteiro, não era o tipo físico dele, mundos diferentes...

Ficaria aqui listando uma infinidade de razões para os dessabores das paixões que não se concretizaram.

Não se *concretizariam*!

É, nós escritores temos a dádiva de poder ver tudo isso de maneira diferente e melhor, de dar outro desfecho para tudo que um dia sonhamos.

Você já pensou em fazer dessas tristes sensações histórias lindas, surpreendentes, e arrebatadoras?! Você pode sempre que desejar! Imagine voltar a se encontrar com aquele amor de infância! Poder se encontrar com aquele amor que você conheceu e está em outro continente. Ou vivenciar uma história que seria impossível unindo dois mundos, como de uma bailarina e de um palhaço? Seus finais tristes acabaram, escritor.

Vamos viver as suas paixões e as que quiser criar. Já vejo lindas histórias surgindo nas suas mentes... abri até um sorriso.

Agora é com você, topa o desafio? Não deixe de postar seu texto e marcar a Lura_Editorial nas suas redes sociais @lura_editorial

#luraeditorial #desafiovidadeescritor

ELIEL C. FERREIRA

instagram.com/eliel_o_niilista

> "*Sem a música, a vida seria um erro*",
> Friedrich Nietzsche.

DESAFIO

Sabe aquela música que te faz lembrar algum momento importante da sua vida?

Uma música da infância, de um grande amor, de uma viagem, etc. Que tal transformar essa música em uma história? Nesse desafio, você vai escolher uma música especial da sua vida e transformá-la em uma bela história.

> "Sim, eu estou descendo o caminho todo. Estou na rodovia para o inferno."
> (Música: "Highway To Hell" – Banda AC/DC).

Hillier acordou na autoestrada. Ele abriu os olhos lentamente. Intensas luzes escarlates ofuscaram a sua visão. Não foi difícil perceber que estava caído no meio fio.

"Onde estou?", Hillier perguntou a si mesmo. A estrada era de asfalto. Não havia sol, nem lua, nem estrelas. Era apenas um céu sem vida exibindo nuvens tão vermelhas quanto o sangue.

Ele então se lembrou do acidente. Não sentia dor, apenas um pouco de náusea. Hillier forçou o corpo para o lado e se apoiou no chão. Não teve dificuldade para se levantar. Sua roupa estava suja de terra, e com as mãos ágeis ele começou a se limpar. Hillier olhou ao redor e percebeu que estava na mesma estrada onde perdeu o controle do carro, mas não parecia o mesmo lugar.

Hillier pegou um punhado de terra ao lado da estrada e aproximou do nariz. Ele então sentiu o aroma, colocou um pouco na boca e cuspiu em seguida. Tinha gosto de enxofre. O calor começava a ficar insuportável. *"Estou no inferno"*, ele intuiu. E uma voz sombria, como a noite, sussurrou em seu ouvido: *"bem-vindo ao lar do tormento eterno"*. O diabo dava boas-vindas ao Hillier.

Agora é com você, topa o desafio? Não deixe de postar seu texto e marcar a Lura_Editorial nas suas redes sociais @lura_editorial

#luraeditorial #desafiovidadeescritor

ANDRESSA SANTOS

instagram.com/_santosandressa1
santosandressa1.medium.com/

> "*Não se escreve por se querer dizer alguma coisa, escreve-se porque se tem alguma coisa para dizer.*"
> – F. Scott Fitzgerald.

DESAFIO

História de uma canção – É possível criar romances ou a cena de um crime através de canções?

Escreva um texto inspirado em uma música.

Era um domingo nublado, um silêncio perturbador. Annie chegava em casa. Quando anoiteceu, recebeu a ligação de um amigo. Após as saudações, ele disse, de repente, que o bairro era estranho. Não se importando, ela respondeu que era apenas calmo.

Uma pausa no telefone.

— Você está aí? – perguntou ele.

O vaso de flores perto da janela caíra. Annie ouviu, apreensiva. Seu amigo a chamou, mas não houve resposta.

Ouve-se um chiado, cadeiras se arrastando, causando agonia nos ouvidos. Depois um grito. Annie estava sendo perseguida dentro de sua própria casa. Silenciou a ligação por um instante, olhou através da janela e não ventava. Aquelas flores não caíram sozinhas. Ouvindo passos, correu, tropeçou pelas cadeiras e se escondeu debaixo da mesa, com o celular na mão. Disse:

— Chame a polícia!

— O que está acontecendo?

— Alguém entrou aqui, pela janela. Vi a sombra na parede, perto do corredor.

— Já vou ligar! Como você está?

— Me esconderei no quarto. Deve ser um bandido!

— Annie, você está bem?

— Eu não sei!

Largou o aparelho. Demorou para abrir a porta e as chaves ecoaram, deixando o seu rastro. O infrator foi em sua direção. Parecia ter deformações faciais. Annie entrou no

quarto, e, antes de conseguir se trancar, ele arrombou a porta, lançando-a para trás.

"Este bairro é estranho" e muito, lembrou-se ela.

— O que você quer? – implorava.

Sem dizer uma palavra, o criminoso, vendo-a fraca pela pancada, se afastou. Annie esperava que ele fugisse, mas expôs uma arma, apontou, e atirou em sua garganta.

O celular, ainda embaixo da mesa, transmitiu o estrondo. Seu amigo, assustado, repetia as mesmas palavras:

— Annie, você está bem? Annie, você está bem?

Quando a polícia chegou, o sangue de Annie já sujava todo o carpete. Não havia pulsação. O homem não levou nada, apenas cumpriu o que parecia ser um trabalho. Mas por quê? Ele a observou, com indiferença, e saiu pela janela, antes que a justiça fosse feita. Annie foi vítima de um bandido sorrateiro.

Smooth Criminal – Michael Jackson.

Agora é com você, topa o desafio? Não deixe de postar seu texto e marcar a Lura_Editorial nas suas redes sociais @lura_editorial

#luraeditorial #desafiovidadeescritor

DIOGENES JUNIOR

instagram.com/diogenes_junior

> "*Todos somos escritores. Só que alguns escrevem, outros não*", José Saramago.

DESAFIO

De onde será que vêm as histórias? Vêm de mim? Vêm de você? Vêm do cara do outro lado da rua te olhando como um psicopata, esperando você virar a esquina para ver o que é bom para tosse? Elas podem vir de uma entrada de diário, por exemplo. Somos escritores ao narrarmos os acontecimentos do nosso dia naquele caderninho misterioso.

O que a entrada do seu diário diz hoje?

Querido diário,

Acordei tarde hoje... já não tinha mais o cheiro de café fresco pela casa, e quando cheguei à mesa, de fato o café estava frio e a manteiga derretida...

A noite foi turbulenta. Sonhos e pesadelos não me deixaram dormir, e passei o dia sonolento. Mas tinha muita coisa para fazer, então não teve sesta.

De tarde, aproveitando o calor ameno, lavei o quintal junto da minha cachorra – ela adora ficar pulando e correndo tentando pegar o fio d'água que sai da mangueira (e eu adoro os pulos girando no próprio eixo que ela dá, então me divirto junto).

Depois que terminei de lavar o quintal, fui fazer a minha tarefa de fonética – estou fazendo um minicurso de fonética do inglês. É... muito... bom!! A professora é ótima também!

À noite eu jantei pizza requentada (os tempos estão difíceis demais para se jogar comida fora) e depois assisti a mais uma aula do minicurso, e descobri que não sei falar a palavra *"year"* direito. Estou chocado e um tanto decepcionado comigo mesmo, mas nem por isso vou desistir. Pelo contrário – eu sou ruim (em desistir, digo).

Bom, meu dia até que rendeu bem hoje – apesar do sono querer me pegar na curva e meus olhos estreitarem a cada minuto, como se pedissem aqueles famosos *cinco minutinhos*... Mas agora está na hora de ir dormir (ou pelo menos tentar, né).

Boa noite!

Agora é com você, topa o desafio? Não deixe de postar seu texto e marcar a Lura_Editorial nas suas redes sociais @lura_editorial

#luraeditorial #desafiovidadeescritor

MARÍA G. CASILLAS

"*Quando você tiver algo a dizer, diga; quando não, também. Sempre escreva*", Augusto Monterroso.

DESAFIO

Às vezes das situações mais embaraçosas ou daquelas que queremos manter em segredo (um amor, um erro, um deslize...), uma história pode surgir.

Que experiência embaraçosa você quer converter em uma história?

Minha mãe era muito religiosa e decidiu que iríamos a um retiro espiritual. Ela disse que seria uma atividade que nos traria muita paz pelo fato de estarmos mais perto de Deus.

A previsão da minha mãe não foi cumprida.

Quando chegamos ao lugar, fomos separados. Adultos com adultos, crianças com crianças. O dia todo os monitores nos fizeram fazer provas estranhas para ocupar o tempo. No final da tarde nos disseram que jantaríamos com os nossos pais e depois dormiríamos todas as crianças juntas em um galpão. Tínhamos que ir ao banheiro nesse momento, pois depois, uma vez no galpão, não teríamos oportunidade de ir mais. O lugar não tinha nenhum.

Algumas crianças choraram porque tinham medo de não conseguir se segurar a noite toda, eu estava calma porque nunca tive nenhum contratempo. Quando nos encontramos com os nossos pais, curtimos por um momento, mas eles tinham uma missa noturna e rapidamente nos despedimos. Fomos dormir.

Naquela noite eu acordei toda molhada. Não era um pesadelo e não era suor, pois estávamos no inverno. Eu tinha mijado em mim. A angústia entrou no meu corpo e não me deixou mais. *Como aconteceu? O que aconteceria comigo no dia seguinte? Seria motivo de chacota de todo o lugar? Eles poderiam me enviar para o inferno?*

No meio da noite, levei os lençóis para uma lareira na lateral do galpão e pendurei-os para secar. Passei todo o meu tempo com medo no caso de alguém me ver, voltei para a cama e virei o colchão para que ninguém notasse a mancha da minha vergonha. Não dormi a noite toda e me troquei rápido de manhã, escondendo o meu pijama úmido antes de alguém se levantar. Consegui ajeitar tudo. Pensei que eu estava salva porque todos agiram normalmente.

Nos preparamos para partir e o Padre que liderou o retiro disse: *"Deus sabe tudo que fazemos, não podemos esconder nossos segredos dele, devemos ser puros e limpos de corpo e alma"*.

Depois de muitos anos de terapia, eu que me livrei do peso de saber que Deus tinha me visto molhar a cama.

Agora é com você, topa o desafio? Não deixe de postar seu texto e marcar a Lura_Editorial nas suas redes sociais @lura_editorial

#luraeditorial #desafiovidadeescritor

KÉSSIA RAMOS FERREIRA

instagram.com/kessiaramos___

"A escrita é talvez a maior das invenções humanas, unindo pessoas, cidadãos de épocas distantes que nunca se conheceram. Os livros são as cadeias do tempo, a prova de que os seres humanos podem fabricar a mágica", Carl Sagan.

DESAFIO

Deixe a ideia cozinhar por trinta minutos e escreva sobre um tipo de comida.

Ouvi falar na expressão: *"apressado come cru"*. O que isso tem a ver? Esse ditado popular encaixa como tempero da vida, assim como é o condimento do Feijão Amigo.

O preparo dessa comida não funciona às pressas, parece simples, porém, leva tempo, modo e paciência. Preparar e saborear o melhor feijão é reinventar – responderia o dono do bar. Ora, tempinho esfriou e pensamos nos caldos, de supetão o Feijão Amigo aparece. Já nasceu evitando desperdício, que maravilha! O Feijão Amigo cresceu sem pretensões. Uma hora estava animando os botecos ou o aniversário da tia no sítio, outra hora estava na quadrilha da escola, nos restaurantes da vida e até mesmo na cozinha mais fina, pronto para render e servir.

Da sua origem cada um aponta um caminho, o Feijão Amigo gosta de reunir a galera, é popular. Feijão, esse alimento antigo e nutritivo faz parte da nossa civilização, do nosso hábito alimentar, e advinha?! O Brasil está entre os maiores produtores de feijão, por isso esse caldinho rende barriga cheia por aí e seu gostinho é familiar. Essa semente que carrega tempo e paciência até chegar à mesa como Feijão Amigo, traz lembranças para além da aparência, facilitando o respeito em cada processo. Da prateleira até à mesa, vamos lá cozinhar a ideia e deixar o feijão cozinhar por 30 minutos!

A propósito, o Feijão Amigo é o caldinho que aquece a alma, motiva o encontro.

Tudo no seu momento e na paciência do cozimento. Depois de cozinhar, chega a vez do tempero e dá-lhe alho! A magia é que mesmo uma receita comum permite a pitada particular de cada pessoa. Entre o bater do feijão no liquidificador, dourar o alho e juntar os temperos, fritar o bacon e inserir a cebolinha, está a assinatura pessoal: o que entra na panela fica a gosto. *"Na entradinha Feijão Amigo e para acompanhar, por gentileza, uma cervejinha, meu amigo. Rápido."* — disse o freguês na mesa. Cuidado!

Pessoa que tem pressa, come cru. Eu gosto de pôr a mão na massa com amor e aguardar a comida tomar forma. O sabor é outro.

Agora é com você, topa o desafio? Não deixe de postar seu texto e marcar a Lura_Editorial nas suas redes sociais @lura_editorial

#luraeditorial #desafiovidadeescritor

JAQUELINE DA SILVA SOUSA

instagram.com/cotidianoempauta

> *Quem come do fruto do conhecimento, é sempre expulso de algum paraíso"*, Melanie Klein.

DESAFIO

Quando nos damos conta da nossa voz, somos tomados por uma necessidade incômoda de libertação. O sentir passa não ser o bastante e é na externalização que nossa voz é ouvida. O acalento vem de maneira muito particular e que se manifesta de muitas formas e em seu tempo. Você pode se questionar: — *Como você, em particular, lida com os seus incômodos?*

ESCRITA, PARA QUE TE QUERO?

Escrever dói,
mas não uma dor que se ressente.
É uma dor inquietante,
Uma dor sem dor,
uma dor almejada.

Diferentemente de outra dor,
esta rasga de dentro para fora,
como uma dor aguda que,
de algum modo, acha uma brecha e,
por este caminho, precisa passar.

Assim são as palavras.
Não as soltas ou vazias,
mas as que junto com outras
compõem e constroem tantas mais.

E quanto ao escritor?
Pergunta de muitos.
Ah, este se descobre na dor,
se enche de forças até soltar sua própria voz.

Neste interim,
cutuca e cutuca
e as palavras se rasgam até serem ouvidas.
Uma vez solta, cura.

Agora é com você, topa o desafio? Não deixe de postar seu texto e marcar a Lura_Editorial nas suas redes sociais @lura_editorial

#luraeditorial #desafiovidadeescritor

LAYS MORAES

instagram.com/laysmaria.moraes59

DESAFIO

Transforme qualquer receita (do que quiser... mesmo) em poesia.

Anote aí o que vai precisar
Para a massa do bem levedar:
Muito amor, sem pesar
De carinho, o que precisar
Respeito, sempre, nunca vai bastar
Rios de equidade, não pare de jorrar

O que for bom, pode colocar:
Colheres (CHEIAS) de leveza, é só despejar
Pitadas de solidariedade, vamos aumentar?
Xícaras é melhor, a massa toda vai contagiar

Pensar no próximo... olha, algo vai mudar!
O fogão vai quebrar!
Vai esparramar!!
E agora, o que mais desejar?!
O que mais acrescentar?
Mas não, não espere estagnar

Nesse forno, daquilo que sobejar
Sempre haverá mais para entrar
Pois agora é hora de rechear
Coloque mais do que gostar
No meu caso, vou assim planejar:

Boa medida para meditar
Coisas boas em que me concentrar
Saúde para o doente se curar
Comida para o faminto se alimentar
Sem miséria, assim melhor vai ficar!

Uma pitada de útil pausar
Algo gostoso a que se dedicar
Assuntos de que gargalhar
Rir até rolar

E, para completar
Só falta a cobertura de enfeitar
Com o que posso tudo *glaçar*?
A esperança há de embelezar!
Só nos resta ter pratos para compartilhar
O bem que em nós foi transbordar

Como pode isso se dar?
Só se seu coração ansiar
Em prato de dividir também se tornar.

Agora é com você, topa o desafio? Não deixe de postar seu texto e marcar a Lura_Editorial nas suas redes sociais @lura_editorial

#luraeditorial #desafiovidadeescritor

KELLY HATANAKA

instagram.com/khatanaka
comediaedrama.wordpress.com

DESAFIO

Escolha um conto de fada clássico, ou mito, e aplique duas das mudanças abaixo:

- Mudar o gênero ou espécie dos personagens
- Trocar os papeis dos personagens
- Começar a história pelo final
- Trocar o "felizes para sempre" por um final trágico

Em seguida, ambiente a história no seu bairro.

Cinderela. Transformar personagem principal em vilão e começar a história pelo final.

O casamento não ocorreu na paróquia do bairro, como teria sido do gosto do noivo, mas um casamento sempre gira em torno da noiva. E, numa noite de paixão, Cindy contou a Henrique, um tanto tímida, que ela sempre sonhara em se casar na Nossa Senhora do Brasil. Sonho impossível. Henrique, que se comovia ao pensar na triste infância de Cindy, usou de sua influência e fortuna para agendar uma data próxima.

O vestido da noiva era uma réplica perfeita do vestido de casamento de Grace Kelly. Até o buquê, de muguets veio de uma floricultura em Londres. A austeridade do vestido reforçava a aura angelical da noiva, que tanto encantara Henrique.

Os noivos se conheceram alguns meses atrás. A família de Henrique contratara um bufê para a festa de 25 anos do rapaz, no Alto da Boa Vista. Cindy, lavadora de pratos, escapuliu do seu posto e foi para a festa usando um vestido emprestado. E que encantou Henrique! Quando os pratos se acumularam na pia, ela foi descoberta por seu supervisor enquanto dançava com o rapaz. Fugiu correndo.

Henrique, fisgado, pediu informações de Cindy ao bufê.

O resto é história. Conhecer Cindy e sua triste vida de órfã negligenciada e dos abusos que sofria no bufê, disparou todos os gatilhos do idealista Henrique. Ainda agora, vendo Cindy conversando com sua única convidada e madrinha, Henrique pensava em sua solidão. Devia ser a tal que lhe emprestara o vestido que ela usou quando se conheceram.

— Se deu bem, hein, amiga!

— Foi difícil ser escalada pra festa de aniversário do Henrique, foi difícil convencer você a me emprestar o vestido, mas joguei bem, querida. Tô na boa.

— Puxa, o vestido era da minha cliente mais chata! Graças a Deus ela não desconfiou de nada. Eu sou sua única convidada, Cindy? Cadê a sua mãe?

— Você acha que eu ia convidar os pobres da minha família pra me envergonharem? Henrique acha que sou órfã e morre de dó de mim!

As duas gargalham e Henrique fica feliz por sua bondosa Cindy ter alguém além dele com quem contar.

Agora é com você, topa o desafio? Não deixe de postar seu texto e marcar a Lura_Editorial nas suas redes sociais @lura_editorial

#luraeditorial #desafiovidadeescritor

MARIANA D'ANDRETTA

instagram.com/marianadandretta

> *O que é mais difícil não é escrever muito; é dizer tudo, escrevendo pouco"*, Júlio Dantas.

DESAFIO

Escreva uma letra de música que poderia ser cantada numa ópera.

Já imaginou uma letra sua cantada na Broadway, ou em um concerto no Teatro Municipal?

Sim,
O paraíso chama, o infinito clama,
Os céus esperam por você!
Os portões estão abertos: entre,
Os anjos saúdam você!
Sim,
A festa está armada, a celebração arranjada,
A música tocada, a mesa arrumada!
É tão lindo ver tanta felicidade,
Em todas as idades!

Venha,
Diga-me que não estás com medo,

Não se sinta como um brinquedo!
Este é um caminho só de ida,
Estou aqui,
Para lhe guiar em sua nova vida,
E te dizer: Boa noite!

Não,
Isto é só um processo de redenção,
Dê adeus para tudo que foi em vão,
Pare de pensar que estás sozinho,
Saúde seus vizinhos!
Não,
Isso está longe de ser uma ilusão,
Deixe sua luz brilhar então,
Você está a salvo,
Aqui você não é mais um alvo!

Venha,
Diga-me que não estás com medo,
Não se sinta como um brinquedo!
Este é um caminho só de ida,
Estou aqui,
Para lhe guiar em sua nova vida,
E te dizer: Boa noite!

O novo mundo está aí,
Quero dizer que está tudo bem,
Todos sabem,
Estás entre os escolhidos.

Agora é com você, topa o desafio? Não deixe de postar seu texto e marcar a Lura_Editorial nas suas redes sociais @lura_editorial

#luraeditorial #desafiovidadeescritor

PRISCILA HANZI

instagram.com/priscilahanzi

DESAFIO

10 palavras-chave aleatórias, que não fazem sentido entre elas, escritas por outra pessoa em pequenos papéis dobrados. Você deverá ir sorteando conforme for escrevendo, e só saberá qual a próxima palavra quando abrir o próximo papel.

Não abra todos de uma vez para iniciar o texto.

Minhas palavras-chave sorteadas: *Casa, Comida enlatada, Motocicleta, Ventilador, Futebol, Camiseta, Computador, Perfume, Geladeira, Carro.*

Jorge é um cara bastante sensível, mas sua especialidade é conquistar. Um dia desses ele estava me contando que marcou um jantar na *casa* dele com uma amiga do trabalho. Jorge não sabe cozinhar e prometeu à moça o melhor prato que ela poderia comer na vida, o que ele não esperava é que algumas horas antes do encontro, a namoradinha dele apareceria para lhe fazer uma surpresa. Jorge, como um bom malandro, deu uma desculpa para ela e conseguiu que fosse embora.

Ficou tarde para ir ao mercado, comprar os ingredientes e preparar o jantar. Ele saiu correndo, passou em uma loja de conveniência e pegou uma vodka. Já tinha os limões e açúcar, levou também duas latas de feijoada, não gostava de *comida enlatada*, mas não tinha outra opção.

Jorge já estava pronto com um menu brasileiro, e nada da moça chegar! Resolveu ligar para ela, e para a surpresa dele, quem atendeu foi um homem.:

— Alô.

— Quer falar com quem?

— Aqui é o mecânico, a Márcia passou na oficina para fazer um orçamento da *motocicleta* dela.

— Ela retorna amanhã.

Jorge viu que não foi só a mãe dele quem fez filho malandro.

Começou a beber, sentou-se no sofá da sala, ligou o *ventilador*, a TV e colocou no *futebol*.

Vestiu a *camiseta* do seu time e ligou para a sua namorada, para ela ir lá ver o jogo com ele.

Natália topou e Jorge não percebeu que deixou o *computador* ligado. Enquanto foi ao banheiro, Natália leu todas as conversas dele com a colega de trabalho.

Ele saiu do banheiro, todo galanteador.

— Olha, MÔ! Sente o meu *perfume* novo.

— O que significa isso?

— Calma, Mô! Pega outra caipirinha na *geladeira* e vem cá.

— Eu tô falando sério, Jorge, me explica isso!

Jorge mal terminou a primeira frase e Natália entrou no *carro* e foi embora.

Jorge malandro ficou sozinho, só ele, as caipirinhas e a feijoada.

— Posso até dormir sozinho, mas não durmo com fome.

Agora é com você, topa o desafio? Não deixe de postar seu texto e marcar a Lura_Editorial nas suas redes sociais @lura_editorial

#luraeditorial #desafiovidadeescritor

DÉBORA BECKER

facebook.com/leiaumlivro
instagram.com/debora_becker_
medium.com/@leiaumlivro

> "*A concentração é a raiz de todas as capacidades do homem*", Bruce Lee.

DESAFIO

De repente você ficou velhinho(a) e te botaram num asilo.

Como você se sente? O que faria? Tentaria sair de lá?

Se eu de repente me visse velhinha, internada num asilo, observaria tudo que aconteceria ao meu redor e ficaria amiga de todos. Buscaria saber que dia aquele seria, e a partir dali, escreveria o meu próprio calendário. Se viessem me visitar, agiria com demonstração de sanidade. Sem chateação ou tristeza. Faria coisas para ajudar os meus colegas. Prestaria bastante atenção ao tomar remédios que porventura me dariam. Faria como um detetive, que, sem fazer alarde, se inteira sobre tudo que acontece. Se eu sentisse um mal estar, ficaria atenta e observaria se poderia ser efeito de algum fármaco. Pesquisaria efeitos desejados e colaterais das medicações existentes no ambiente. Solicitaria a aquisição de linhas e agulhas de crochê. Venderia os produtos que eu produzisse, levantando, assim, uma reserva monetária. Me certificaria dos limites, cercas, muros, portões do asilo, analisando tudo durante as minhas quase inocentes caminhadas. Pensaria nos meus filhos, mas não dependeria da disponibilidade deles. Se passasse o carro da pamonha, e me fosse permitido, compraria sempre que possível, garantindo a mim uma força reserva, além das sopinhas, enfraquecedoras de velhinhos. Se não tivesse celular, procuraria saber todas as informações através de conversas, de como eram os arredores, as ruas, parques, esquinas, mercados, enfim, tudo que eu achasse importante. Montaria um mapa na mente de uma rota segura. Enviaria cartas para os endereços que lembrasse. Pesquisaria o endereço de algum albergue através do celular de alguém ou de outro meio. Arquitetaria um plano mirabolante e fugiria.

Mas se durante a investigação eu percebesse que daria pra confiar no asilo, ficaria lá, aproveitando a mordomia.

Vivemos enrolados em tramas que nos limitam, quase que nos forçando, a ser quem não somos. Velhinhos! Acreditem! Não se deixem esmorecer! Cuidemos de nós.

Agora é com você, topa o desafio? Não deixe de postar seu texto e marcar a Lura_Editorial nas suas redes sociais @lura_editorial

#luraeditorial #desafiovidadeescritor

JOÃO DE DEUS SOUTO FILHO

instagram.com/plenoescrito

“*Escrever é um ócio muito trabalhoso*”, Johann Goethe.

DESAFIO

Como flui o tempo, flui o texto, sem a necessidade de pontuação.

Experimente o exercício de escrever um texto sem pontuação. Imagine que o seu texto é como o tempo que flui sem interrupções. Você vai perceber que esse exercício auxilia a libertar a sua mente dos padrões normais de construção de textos.

Sem pressa procuro a ponta livre do fio que se enrodilha que se enovela que vai e volta no emaranhado do novelo volta que se acomoda que se encosta na outra volta aconchego de irmãos de mãos dadas corpo colado junto fio a fio amálgama mistura voltas soltas voltas presas do novelo que se acomoda no fundo da cesta a ponta do fio aberta em pétalas e o fio que penetra a alma do novelo que ganha vida que dá forma que forma o novelo enrolado em rodilhas redondas sinuosas voltas formando o miolo do novelo o coração emaranhado de fios que faz a meada que se enovela que cresce e se avoluma que toma vulto que cheia de voltas se faz novelo vistoso completo novelo ser que guarda em si a marca do tempo em seu fio que se prolonga num contínuo sem interrupção uno viagem que se faz ao longo do fino fio de ponta a ponta que o novelo tem ponta que aponta para o futuro ou para o passado já que sendo novelo ele carrega o seu passado a sua história a história dos que deram de si para o novelo ser a terra preparada a semente enterrada o broto do algodão rasgando a terra úmida o arbusto dando o ar da sua graça as flores dependuradas nos frágeis galhos a colheita as mãos recolhendo a lã mais branca ensacando carregando pesando medindo fiando tecendo o suor escorrendo pela testa mãos que sangram feridas pelos finos espinhos dos galhos carregados de chumaços da delicada lã de ouro valer as mansas voltas folgadas calmas e solenes no fazer do novelo que cria forma que ganha alma que cresce a cada volta desse fio sem fim que se enovela e se amálgama e que envolve o coração do juvenil novelo na valsa nos enlaces da maciez do fio que se move lentamente como o tempo que embranquece os cabelos que enruga as peles que enverga os corpos como bambus que se balançam na margem do rio caudaloso que segue o seu destino como um tênue fio d'água que corta a terra preparada para o plantio do algodão semente guardado no fundo do baú onde está repousado o novelo com a ponta do fio aberta em pétalas

Agora é com você, topa o desafio? Não deixe de postar seu texto e marcar a Lura_Editorial nas suas redes sociais @lura_editorial

#luraeditorial #desafiovidadeescritor

JANAINA COUVO

instagram.com/janainacouvo
instagram.com/livros_em_sintonia

> *A fotografia é a poesia da imobilidade: é através da fotografia que os instantes deixam-se ver tal como são"*, Peter Urmenyi.

DESAFIO

Observe o mundo a sua volta como se fosse uma máquina fotográfica, procurando olhar para todos os detalhes, dos mais simples aos mais complexos.

Pense que seus olhos correspondem a uma lente de uma máquina fotográfica, que consegue registrar o exato instante, com todas as suas peculiaridades.

Imagine como se o seu olhar fosse uma máquina fotográfica, que tivesse o poder de registrar em pouquíssimo tempo, um momento. Imagine que esse momento possa ser a alegria de um casal que decide construir uma vida juntos, a felicidade de uma criança ao dar os seus primeiros passos, ou mesmo a solidão de uma pessoa contemplando o pôr do sol. Ter o poder de, em frações de segundos, congelar o momento e imprimi-lo em um papel fotográfico, ou mesmo colocá-lo na memória de um computador... é fantástico!

Saber que o tempo vai passar, as vivências cotidianas vão construir novas memórias, novos momentos, mas que, através da fotografia, aquele dia e horário ficaram registrados no papel, e que, ao contemplá-lo, ativará lembranças de um momento que despertará sentimentos os mais diferentes possíveis: alegria, saudade, decepção, tristeza. A fotografia tem, entre suas funções, a de trazer à tona lembranças de vários momentos importantes de nossas vidas. Então, por que não utilizar fotografias como fonte de inspiração para a escrita?

Pego da minha caixa de recordações uma imagem que me traz a lembrança de uma viagem inesquecível. Não havia redes sociais, então o registro das viagens naquela época estavam concentrados em uma pequena máquina fotográfica, no filme que deveria ser colocado com todo o cuidado para que não interferisse no registro de momentos únicos de nossas vidas, pois perder um filme era perder o registro. Então, todo o cuidado era importante.

Assim, olhando imagens nítidas, pouco desfocadas, uma iluminação exagerada, viam-se momentos únicos, sem alteração nas cores, nas luzes, nos corpos e rostos, de quem estava ali vivendo aquele momento comigo. Então coloco no papel todas as lembranças que são ativadas a partir da contemplação daquela fotografia, construindo um texto narrativo, trazendo para a minha história todos os sentimentos, emoções, lembranças que ora a imagem me trouxe. Porque a imagem fotográfica poder ser parte da criação de uma história.

Agora é com você, topa o desafio? Não deixe de postar seu texto e marcar a Lura_Editorial nas suas redes sociais @lura_editorial

#luraeditorial #desafiovidadeescritor

MARINA HADLICH

instagram.com/marina_hadlich
marinahadlich.wixsite.com/escritora

DESAFIO

Peça a alguém próximo a você que lhe diga uma palavra, um substantivo, algo palpável, como um objeto, e escreva a história utilizando essa palavra como inspiração. Ela pode ou não ser o centro da história, mas deve aparecer no texto.

Palavra de inspiração: Cortina.

Os desejos da esposa

Geraldo não suportava mais lamúrias. Todo dia uma reclamação, algo que precisava ser consertado, trocado. A mulher pensava que se comprasse um jogo novo de xícaras, ficaria alegre. Geraldo aceitava, dava o dinheiro e esperava pelo menos um *"obrigado"*. Não recebia nem uma bitoquinha antes de dormir.

A última moda da esposa era trocar as cortinas.

— Mas por quê, mulher? A cortina não tem buraco, mancha, nada.

— Ai, Geraldo, enjoei, não gosto mais dessas flores, quero agora cortinas com listras.

O marido antes de sair cedinho para o trabalho, deixou o talão de cheques sobre a mesa.

"Cortina nova, esposa feliz, vou me dar bem", pensou ele.

Só no trabalho notou que esquecera a carteira em casa, deixou em algum lugar quando tirou o talão de cheques. Decidiu almoçar em casa para buscar a carteira e fazer surpresa para a esposa.

Ao estacionar na frente de casa notou que as cortinas antigas já tinham sido removidas.

Logo deveriam ser colocadas as novas. A eficiência da esposa quando desejava algo era insuperável. Ao passar em frente às janelas notou alguém caminhando pela sala. De soslaio observou que não era a sua esposa, deveria ser o funcionário da empresa de cortinas. Seu subconsciente captou um fato estranho: o homem estava sem camisa.

Geraldo abriu a porta, que estava destrancada, e deparou-se com a esposa abraçada ao suposto trocador de cortinas, colocando o cheque no bolso traseiro da calça dele e recebendo beijos no pescoço em troca.

Atônita, a mulher não conseguiu arranjar uma desculpa. Enquanto Geraldo gritava e ia para cima do novo casal, um homem entrou pela porta ainda aberta.

— Dona, vim trazer as cortinas do brechó que a senhora pediu.

Agora é com você, topa o desafio? Não deixe de postar seu texto e marcar a Lura_Editorial nas suas redes sociais @lura_editorial

#luraeditorial #desafiovidadeescritor

MARIANA MORAIS

instagram.com/marianargomes72

> *Quem inventa fica mais perto da realidade"*, Mário Quintana.

DESAFIO

Qual é o objeto mais antigo da sua casa? Escreva sobre a sua relação com este objeto. É de utilidade ou afeto?

Ele ainda funciona ou agora tem outro uso?

É uma peça de ferro esmaltado de cor azul acinzentada, de corpo e bicos compridos, com asa lateral, e tem mais de cem anos de idade. A tampa soltou faz tempo, devido ao desgaste do engate, mas eu mantenho tudo junto para que não sintam saudades.

Quando eu era criança, o bule da minha bisavó ficava em um armário, embaixo da pia da cozinha da casa de praia dos meus avós, e servia para guardar as chaves e cadeados.

Naquela época, passava as férias todas lá e minha avó me botava para dormir. Em uma das histórias mais recorrentes, ela contava como foi a madrugada que a minha mãe nasceu. Dizia que o parto aconteceu em casa e que seu pai, muito preocupado, passou a noite toda na varanda, sendo servido de café, cuja água foi fervida no bule, e da alegria dele ao ser apresentado para a neta.

Ela ainda se recordava que o bule servia para fazer chá de camomila, a fim de tratar das cólicas da minha mãe e do meu tio, quando bebês, e de como eles se acalmavam e dormiam felizes.

Eu cresci um pouco e o bule passou a residir na casa dos meus pais, ficando num aparador de madeira patinada, entre um vaso de barro e um candelabro, como parte da decoração da sala.

Minha irmã menor gostava muito de brincar com ele e ficava o tempo todo abrindo e fechando a tampa, para ver o que tem dentro, e usando-o para servir chá e café para suas bonecas.

Por ocasião do meu casamento, trouxe o bule para morar comigo, e hoje, mais de vinte anos depois, serve como vaso de margaridinhas amarelas. Eu olho para ele e me lembro de tantas histórias da minha avó Diomar e minha mãe Wanda, ao mesmo tempo em que imagino quantas que ainda viverá com meus filhos e netos.

Agora é com você, topa o desafio? Não deixe de postar seu texto e marcar a Lura_Editorial nas suas redes sociais @lura_editorial

#luraeditorial #desafiovidadeescritor

TESSA OLIVIER

instagram.com/tessaeaniatolivier
tessaeaniatolivier.medium.com
facebook.com/autoratessaolivier

> *A arte é a auto expressão lutando para ser absoluta"*, Fernando Pessoa.

DESAFIO

Qual a sua música favorita? Melhor, qual música que mais te toca? Qual letra te inspira? Ou te provoca?

Explique por que esta música te impacta tanto.

"O que você quer? Por que você está me mantendo acordado?
Você está aqui para me distrair, então cometerei um grande erro?
Ou você é alguém lá fora que é um pouco como eu?
Quem sabe lá no fundo eu não estou onde eu devo estar?
Todo dia é um pouco mais difícil quando eu sinto seu poder crescer
Você não sabe que há uma parte de mim que deseja partir"

Este trecho da música *Into The Unknown – Para o Desconhecido* me tocou profundamente quando o ouvi. O trecho praticamente transcreve o que é sentir o chamado da arte, a vontade de escrever, que a Resistência quer tanto nos fazer ignorar. Mas mesmo que se sinta com preguiça ou sem inspiração para escrever, é como se algo te chamasse, uma vontade inexplicável de dar vida às palavras.

Viver de escrita não é fácil, ainda mais no Brasil. São poucos os escritores que conseguem só viver da escrita e, tirando isso, há o fato da família geralmente não apoiar ou dizer que antes deve procurar uma profissão mais estável. E sim, o tempo para estudar/trabalhar tira o seu tempo para escrever. Mas quando se é escritor nato, não tem como escapar de sua vocação, por mais que você tente ignorar.

Seguir a profissão da arte – da escrita – é um caminho desconhecido. Pode-se amargar em anos até ter o reconhecimento necessário para se tornar um escritor de sucesso. Pode não dar em nada. Pode só receber o escárnio e demorar até receber os louros. Ou nunca receber. Ou pode ser a melhor coisa que te aconteceu. Não há uma resposta fácil, não há um troll com precognição que possa te apontar o caminho exato.

O Desconhecido vai te chamar e você terá medo, mas também sentirá uma estranha atração por ele. E ela vai crescer e crescer até você ir em direção. E talvez descubra no final qual é a sua verdadeira vocação, como a Elza descobriu.

Agora é com você, topa o desafio? Não deixe de postar seu texto e marcar a Lura_Editorial nas suas redes sociais @lura_editorial

#luraeditorial #desafiovidadeescritor

PATRICIA MANCZAK DA SILVA

instagram.com/patriciamzksilva
medium.com/@patriciamzksilva

> "*Vencer sem correr riscos é triunfar sem glórias!*",
> Ayrton Senna.

DESAFIO

Escreva se imaginando num futuro longínquo (20/30 anos).

Realizo a manobra de descer e estacionar o veículo. Já ocupo vagas para idosos. Os livros da infância sempre descreveram modernas invenções, mas jamais poderia crer que um dia estaria dirigindo um carro voador.

Ainda mais para alguém avoado como eu, sempre com a cabeça no mundo da lua, distraído com coisas ao meu redor e agora acompanhando tudo em ângulos de trezentos e sessenta graus.

Nasci num tempo sem internet e com livros de papel. Tudo evoluiu muito rapidamente.

Computadores enormes viraram equipamentos portáteis e a experiência analógica foi substituída aos poucos por uma rede conectada e viva.

Ninguém acreditaria se eu cogitasse há trinta anos que a inteligência artificial atingiria esse grau de popularização e exerceria papel tão importante como hoje. Nem lembro como vivíamos sem. Agora nossos compromissos são auto criados e auto monitorados conforme nossas necessidades, conectados aos nossos corpos, nossa conta bancária, processos de trabalho e nossa mente.

Está tudo auto programado, nossas demandas de lazer, de estudo, trabalho e descanso. A ansiedade não existe mais. Como o futuro já está planejado, não precisamos mais nos preocupar com ele. Ninguém mais acumula riquezas e nem desperdiça comida. Tudo está programado.

Por mais que alguns livros de ficção tenham acertado algumas previsões, nem tudo se concretizou. Não tivemos nenhuma invasão alienígena e as maiores mudanças climáticas puderam ser contidas. Ocorre que as máquinas passaram a ajustar o nosso consumo, então nos tornamos isentos dos desperdícios e dos exageros, isso foi primordial.

Talvez o meu *eu* trinta anos mais jovem não considerasse possível viver desta forma e acreditasse que a extinção do livre arbítrio e da autonomia individual só seria possível com o uso de poder bélico.

Mas quem pode sentir falta da antiga liberdade se não nos sobrava tempo para nada, éramos boicotados pelos nossos vícios e adoecíamos dos nossos excessos? Hoje temos mais tempo, menos dúvidas e carros voadores.

Agora é com você, topa o desafio? Não deixe de postar seu texto e marcar a Lura_Editorial nas suas redes sociais @lura_editorial

#luraeditorial #desafiovidadeescritor

LUDMILA KAWANE

instagram.com/ludmila_kawane

> "*Conhece-te a ti mesmo*", Sócrates.

DESAFIO

Escreva sobre quem é você quando não escreve.

"Eu sou Ninguém! E você é quem? Você é – Ninguém – também?"

Quando tive o meu primeiro contato com esse poema de Emily Dickinson, meus pulmões pararam por um instante.

Isso aconteceu, porque me recordei da última entrevista que Clarice Lispector fez antes de falecer. Nessa entrevista, uma fala dela me tocou de forma bastante particular.

O repórter que estava a entrevistando, perguntou: *"Quem é Clarice quando não está escrevendo?"*.

E ela, prontamente, respondeu: *"Acho que não sou ninguém sem escrever"*.

Foi paralisante escutar isso. E, ao ler o poema de Dickinson, foi como se eu tivesse um *dejavu*.

Isso tudo me remeteu ao momento que eu estava passando, no qual eu escrevia compulsivamente, me obrigando a terminar uma história interminável, no auge dos meus dezesseis anos.

Escrever daquela forma não estava me fazendo bem, eu simplesmente não dormia mais. Foram trinta dias assim. Vivendo por uma história que, aliás, eu nem consegui terminar de escrever apesar dos incontáveis cadernos rabiscados com pedaços dessa história. Eu não a terminei. Porque me fiz a mesma pergunta que Clarice respondeu de forma tão honesta. *"Quem eu sou quando não estou escrevendo?"*.

Precisei de mais trinta dias para responder à pergunta. Isso porque eu parei de escrever e decidi passar trinta dias sentindo tudo ao meu redor. Estando presente ao momento que eu estava vivendo. Saindo com os meus amigos, lendo algo novo, assistindo algo novo e conhecendo novas pessoas.

No final desse período, peguei um caderno novo e escrevi com letras garrafais, na primeira folha, essa mesma pergunta.

Eu preenchi todo o caderno. E fazer isso, me deixou extremamente feliz e realizada. Assim, descobri quem eu era quando não estava escrevendo.

Eu continuava a ser uma escritora, mas uma escritora bem melhor. Tinha consciência do meu tempo, das minhas necessidades, dos meus pontos fracos e pontos fortes. Desde então, antes de escrever, ou no decorrer do processo de escrita, sempre tiro um momento para me reconhecer.

Agora é com você, topa o desafio? Não deixe de postar seu texto e marcar a Lura_Editorial nas suas redes sociais @lura_editorial

#luraeditorial #desafiovidadeescritor

MARINA MAGALHÃES CARDOSO

instagram.com/marina_17

> *Escrever é a minha liberdade"*,
> Marina Magalhães Cardoso.

DESAFIO

Escreva uma crônica sobre a quarentena.

Bendito dia que declararam estado de pandemia. Conheceram um pouco de mim sem ao menos me conhecer. Não queria que fossem obrigados assim devido a uma doença esquisita, capaz de matar tanta gente.

"O mundo vendo e vivendo a rotina monótona de alguém cadeirante".

Muitos, neste período isolamento, estão com saudades da rotina. Falando de mim, a minha rotina não é mais suficiente. Eu queria viver experiências que me faltam. Vivo em uma espécie de isolamento. Quarentena. Ninguém nota.

Tem gente querendo mais o que fazer do que ficar fazendo a mesma coisa. Eu sempre quis que minha rotina desse uma virada, me oferecesse experiencias de pessoa responsável pelas atitudes e desejos, coisa que não sinto que tenho.

A vida tem dessas coisas de dar uma oportunidade ou usar pessoas, para quebrar o *"mais do mesmo"*, fazendo a Marina se sentir incrível. Eu cresci e me acostumei com a saudade, com falta de coisas novas acontecendo. Aprendi, na marra, a viver esperando uma oportunidade de fazer algo fora da minha casa.

Saber conviver com o que tenho de disponível, talvez seja a minha sorte. Estendo o meu relato agradecendo a minha tevê, o meu celular, o livro, a escrita. AHH.. escrever liberta. Me dá atividade. É tipo a sensação de utilidade neste mundo, ou no fim da pandemia.

A minha quarentena de vinte e quatro anos me fez gostar de me sentir em movimento. Fez com que as escolhas que eu tomei, todas elas, fossem para me sentir parte de algo, útil e viva. Agradeço a quarentena por fazer você me conhecer.

Gostaria que todos venerassem às coisas banais e básicas, como: se alguém te chamar para sair, o rolê que você programar, acontecerá. Ou uma volta na rua. Particularmente, adoro essa parte da minha vida. Amo venerar a internet também. Ela me ensinou que eu não tenho nada de errado. Ficar *"dentro de casa"* é chato. Sendo grata, me fez feliz. Descobri que as vezes é melhor ficar em casa do que ir para rua e sentir que não fez diferença sair.

Agora é com você, topa o desafio? Não deixe de postar seu texto e marcar a Lura_Editorial nas suas redes sociais @lura_editorial

#luraeditorial #desafiovidadeescritor

VERIDIANA BORGES

instagram.com/veridianapborges
veridianaborges.medium.com
borapravidavb.wixsite.com/my-site

DESAFIO

Pseudovocábulos são palavras formadas por afixos pertencentes à Língua Portuguesa, geralmente, um morfema-base + afixos (prefixos e sufixos). No entanto, essa combinação resulta em uma palavra não dicionarizada, mas que poderia perfeitamente fazer parte do léxico da língua.

Sendo assim, que tal usar o seu conhecimento linguístico e inventar palavras novas inserindo prefixos e/ou sufixos a um morfema-base?

O dia amanheceu desolarado, convidativo para ficar na cama. Ainda mais que a minha noite fora bastante destranquila. Tirei o primeiro sono e tentei redormir sem sucesso. Minha mente estava muito lembrosa, não conseguia me desconectar da cena que assisti na Maquiadaria da Lu na tarde anterior.

Preparei o meu chafé e voltei ao acontecimento. Lica era uma jovem bem-sucedida, éramos amigas de infância, uma quadrista brilhantosa. Naquela tarde, ela estava se preparando para uma exposição, parecia-me um pouco desfeliz apesar de tudo indicar o contrário, já que o seu momento profissional estava em ascensamento.

Lica era desprovida de beleza, inbela posso assim dizer, ingorda e desbaixa, tinha cabelos desencacheados e olhos azuis. Sempre foi muito bagunçadeira e vival. Confesso que isso me causava uma certa invejice.

Enquanto Lica se arrumava, algo muito deslegal aconteceu. Luce entrou na Maquiadaria, foi em direção à irmã e disparou a sua raivicidade:

— Você é uma pilantróide, linguarosa, falsióide, sua magruda! – deu as costas e saiu sem olhar para trás.

Lica ficou irreagível. Aproximei-me e a única coisa que consegui lhe dizer foi:

— Lica, mantenha a calmosidade. Hoje é um dia importante, não deixe que essas palavras apaguem a tua brilhosidade. Você sabe como a Luce gosta de criar uma brigação.

Ela acenou com a cabeça, infalante. A Lu terminou de maquiá-la e saímos juntas rumo à exposição. O evento foi um sucesso, muitos quadros vendidos, realmente ela era uma quadrista talental.

Neste instante, recebi uma mensagem, meu chafé já estava desquente, era Lica dizendo que, depois da exposição, jantou com Paulo, o dançoso português que estava na exposição. Ela só sabia repetir que ele era um homem agradoso e amoróvel.

Perguntei se ela falou com a insimpática da irmã. Disse-me que sim e que ela estava passando por problemas com o namorado futeboleiro e por isso o acontecido. Olhei o relógio, precisava ir para Escoladaria, afinal sou professoreira e os estudantistas me esperavam.

Agora é com você, topa o desafio? Não deixe de postar seu texto e marcar a Lura_Editorial nas suas redes sociais @lura_editorial

#luraeditorial #desafiovidadeescritor

VALDIRENE CARVALHO

instagram.com/val.carvalho2019
facebook.com/valdirene.carvalho.507

"*A escrita é a única forma perfeita do tempo*", Jean Clézio.

DESAFIO

Escreva sobre alguma situação embaraçosa que você viveu.

Como você saiu dessa situação?

Ângela dava aulas para jovens e adultos trabalhadores em um canteiro de obras.

Certo dia ela informou aos alunos que na aula seguinte eles assistiriam uma tele aula de Língua Portuguesa sobre gêneros textuais e no final cada um escreveria uma carta. No dia seguinte os alunos chegaram animados com envelopes e papeis de carta de diferentes modelos e cores, numa verdadeira euforia para escrever, Ângela estava radiante com toda aquela empolgação. Então, colocou a fita para rodar e foi para o fundo da sala. Ao começar a aula, ela não acreditou no que estava vendo. Começava ali por engano uma aula de Geografia.

Naquele momento, Ângela encontrou-se na maior saia justa e colou o seu corpo na parede para manter-se de pé, pois sentia um descompasso que gelava e queimava a sua face. Em sua mente uma tempestade de pensamentos dançavam tão rápidos como fleches de um raio numa chuvosa tarde de verão. Paralisada ao fundo da sala, ela apenas observa aquele silêncio profundo que a deixava mais aflita, sem palavras, sem ação. Os alunos, todos numa verdadeira quietude, assistiam a aula sem se manifestar, se posicionar diante daquele equívoco, alguns muito cansados já debruçados sobre os livros pareciam nem estar mais ali, por isso não percebiam o desespero e vergonha que tomavam conta de Ângela.

Ao final da aula, Rodrigo, um aluno jovem, falante e muito educado virou para trás e, a queima roupa, disparou: *"professora, a senhora não errou de aula não, eu não vi nada sobre cartas"*. Sem rodeios, surpreendendo a si mesma, Ângela disse: *"parabéns, Rodrigo, você foi o único que percebeu. Fiz isso para testar se vocês estavam mesmo atentos aos conteúdos das aulas"*.

E foi assim que Ângela, uma jovem professora muito tímida, teve uma saída genial, sem que nenhum aluno percebesse que ela realmente levara a fita errada. Segredo que ela guardou até hoje.

Agora é com você, topa o desafio? Não deixe de postar seu texto e marcar a Lura_Editorial nas suas redes sociais @lura_editorial

#luraeditorial #desafiovidadeescritor

CILENE MARIA CAVALCANTI

instagram.com/psicanalistacicavalcanti

“*Curte escrever, então escreva!*”, Ci Cavalcanti.

DESAFIO

Caro amigo escritor, relate uma situação lúdica quando criança, em que possivelmente colaborou para se tornar um escritor.

Sempre fui curiosa. Desde criança...

Onde os meus olhos batiam, onde tivessem palavras escritas, e eu lia. E leio até hoje! Acabei de completar cinquenta anos e sou escritora há apenas três anos.

Imaginem alguém dentro de um veículo e pela janela ir lendo tudo que estava escrito ao alcance dos olhos. Quando estava em alta velocidade, lia rapidamente para não perder um letreiro sequer. Se o veículo estivesse andando devagar, eu conseguia ler mais coisas. Lembro-me bem que nesta brincadeira, ao estar em um ônibus, lia os letreiros da minha janela e também da janela do lado oposto, mudando de poltrona, para continuar procurando o que ler. E caso a velocidade não me permitisse a leitura, em outra oportunidade, eu o faria. Parece estranho, não é?

Acontece que esta minha curiosidade levava os meus pensamentos a estas brincadeiras: ler cartazes e letreiros.

E o meu hábito de leitura não ficava a isto restrito. Li muitos livros de todos os gêneros. Anos mais tarde, consegui realizar um sonho: ser escritora. Publiquei um livro.

Escrever e publicar foi um dos meus sonhos, que se realizou. Pois, ser escritora de um livro só, onde apenas você lê o seu próprio texto, não é ser escritora, no máximo, seria ser a única pessoa que admira e reconhece o próprio talento....

Quis deixar esta explicação quanto ao ter realizado o sonho em ser escritora e contar como comecei a gostar e brincar com a leitura, para evidenciar a sensação única para o escritor: a de se autorrealizar, vendo sua obra sendo lida. Se todos os livros que existem pertencessem apenas aos seus idealizadores, não existiria a magia: ler e imaginar lugares viajando sem sair do lugar, experienciar sentimentos e adquirir conhecimento compartilhando com as pessoas e, por consequência, impedindo-as de terem a mesma sensação.

Escrever me traz prazer! Entro em êxtase! Só não é melhor do que o orgasmo....

O meu desafio maior é o de expressar em palavras o que realmente quero transmitir... a nossa língua portuguesa já não ajuda muito, com tantas regras gramaticais e infinitas palavras e seus sinônimos, mas, se você gosta de ler e escrever, e se seus pensamentos e sensações ao realizar tal tarefa lhe trazem prazer, enfrente qualquer desafio, vá em frente! O ser humano só se diferencia dos demais mamíferos pela capacidade de pensar, sentir e entrar no inconsciente do outro, a fim de que ele ou ela descubra os seus próprios medos e aprenda a resignificá-los em busca de uma vida plena!

Agora é com você, topa o desafio? Não deixe de postar seu texto e marcar a Lura_Editorial nas suas redes sociais @lura_editorial

#luraeditorial #desafiovidadeescritor

ELIEL C. FERREIRA

instagram.com/eliel_o_niilista

> *Todos os homens têm medo. Quem não tem medo não é normal; isso nada tem a ver com a coragem.",*
> Jean Paul Sartre.

DESAFIO

Sensação é um substantivo que significa sensibilidade, sentimento ou ativação de uma determinada função sensorial. Em sentido figurado ela pode indicar uma emoção. Você é capaz de transformar um sentimento em uma história? O desafio de hoje é criar uma história colocando uma ou mais emoções como pano de fundo.

Então, mãos à obra, escritor!

Medo da morte

Quando acordei, estava no hospital. Meu estômago ardia como se estivesse pegando fogo. Amanda segurava a minha mão. Seu toque era frágil e seu rosto marejado não a permitia esconder sua tristeza. Do outro lado da cama a médica preenchia um formulário na prancheta. O crachá a identificava como "doutora Aimée".

Tentei me levantar.

— Senhor Ernesto, permaneça deitado, por favor. Sua condição ainda é frágil.

Aimée não esboçava nenhuma reação. Eu não conseguia decifrar o semblante dela.

— O senhor consegue responder algumas perguntas?
— Sim.
— Se lembra de alguma coisa antes do incidente?
Pensei por um minuto.
— Saímos do restaurante por volta das dez horas da noite. Esperávamos o táxi quando dois homens de moto nos abordaram. Um deles estava armado.
— O senhor reagiu?
— Acho que não. Eles pediram a minha carteira, meu celular e a bolsa da minha esposa.
Aimée olhou para Amanda.
— Essa informação está correta, senhora?
— Sim. – Ela respondeu com a voz embargada.
— Então ele atirou sem nenhum motivo?
— Na verdade a bolsa enroscou no meu braço. Talvez os ladrões tenham pensado que eu a tinha puxado de volta. O cara que estava armado ficou bastante irritado.
— E aí ele atirou.
— Sim.
— Quantos tiros você ouviu?
Amanda começou a soluçar e não conseguiu mais responder. A doutora então voltou a preencher o formulário em silêncio. Virei para Amanda, que chorava desconsolada.
— Não consigo me lembrar de muita coisa.
— Ernesto, nós fomos assassinados! – Ela gritou, desesperada.
Fui tomado por um terror inominável. Entrei em estado de choque emocional.
Pude me dar conta, ainda incrédulo, da trama que se desenrolava. A melancolia veio como uma onda nos meus pensamentos. Meus olhos se encheram de lágrimas. O medo da morte se mantinha muito vívido mesmo entre os mortos.

Agora é com você, topa o desafio? Não deixe de postar seu texto e marcar a Lura_Editorial nas suas redes sociais @lura_editorial

#luraeditorial #desafiovidadeescritor

ALBERTO DE ARAÚJO

instagram.com/bruno.alberto.5851127

> *O esplendor da manhã não se abre com faca"*, Manoel de Barros.

DESAFIO

E se o mundo acabasse amanhã, o que você diria às pessoas que você ama?

E se o mundo acabasse amanhã? O que faríamos? Quantas palavras não ditas, presas no nosso subconsciente viscerando, provocando desarranjos emocionais?

Abraços não dados e agora agravado pelo insano e necessário isolamento social que trancafiou ainda mais as pessoas em micromundos psíquicos cheios de incertezas.

Quantos beijos não dados, quantas noites casais foram distanciados(...) num breve piscar de olhos interrompidos.

Falta de diálogo dentro do seio familiar, levando pessoas a criar traumas por toda uma vida, só por causa de meras palavras como: *"me perdoe"*, *"desculpa"*. Simples atitudes que aprisionam almas, deixando-as cativas mentalmente. Criando abismos interiores, reféns de néscios sentimentos.

E se o mundo acabasse hoje e o nosso fôlego de vida fosse recolhido? Como diríamos essas coisas das quais falei até agora às pessoas que estimamos?

Vivemos em um mundo agitado, alienado, globalizado, onde tudo é muito rápido. Só não temos a mesma pressa para perdoar, dizer palavras não ditas.

Quantas pessoas partem levando, em suas mentes e almas, feridas abertas sem cura. E as que ficam sobra apenas o inelutável *nada*!

Quais os artifícios que você, caro leitor, tem usado para lidar com a vida? Você tem tentado romper o casulo com facas, ou vive o momento e deixa a vida transcorrer, *te levar,* como já dizia uma canção? Fica a reflexão: *"e se o mundo acabasse amanhã, o que você diria às pessoas que você ama?"*

Agora é com você, topa o desafio? Não deixe de postar seu texto e marcar a Lura_Editorial nas suas redes sociais @lura_editorial

#luraeditorial #desafiovidadeescritor

FLÁVIA AZEVEDO

autoraflaviaazevedo.blogspot.com
facebook.com/autoraflaviaazevedo
instagram.com/autoraflaviaazevedo

"*Tudo é, e não é*", Guimarães Rosa.

DESAFIO

Solidão é vista, e sempre retratada, apenas pelo ângulo negativo por motivos não discutidos socialmente, acatados como normal. Como faria um elogio a solidão?

Escreva algo positivo sobre a solidão.

Somos educados(as) e/ou adestrados(as) para ver a solidão sempre, e somente, pelo foco negativo. Porque no passado era assim e faz eco no presente. Repetindo mil vezes até virar verdade.

A solitude é o lado positivo da solidão. Pode ser que sim ou não, depende do seu ponto de vista construído para você e o que faz com relação a ela. Como se sente com relação a ela? Depois vem o ponto de vista construído a partir das suas vivências.

Pensar por conta própria é um exercício de solitude. Dizem que pensar dói. Não deveria doer. Deveria ser divertido. Por que pensar como dor?

A solitude é divertida quando se tem algo para fazer que é só seu, como ler, escrever, assistir um assunto do seu interesse, pensar também. Exercícios para os neurônios que possam despertar a criatividade.

O silêncio é uma benção quando se precisa meditar. E meditar é uma benção quando não se tem silêncio. Os barulhos do mundo ao redor em excesso adoecem e o silêncio é alívio e salvação da saúde e sanidade. Este silêncio faz bem e ajuda a manter a saúde mental.

A solidão como algo apenas negativo é um paradigma construído que virou verdade depois de mil vezes repetido e ratificado de diferentes maneiras. Na atual situação de mundo VUCA (Volatilidade Incerteza, Complexidade e Ambiguidade) e pandemia, a solitude é uma benção para algumas pessoas. Nada de visitas, por enquanto, afinal o vírus se espalha através do hospedeiro(a), que é uma bomba de vírus para os outros.

Higiene pessoal, como tomar banho e lavar as mãos, além de usar máscara, virou questão de vida e morte também. Fazer lockdown por autoconsciência diante da profusão de Fake News, exige o pensar por autopreservação e preservação dos outros, dentro e fora da sua família, uma separação voluntária pelo bem maior, para quem acredita que preservação da vida é um bem.

O que fazer por agora? Fé nas Ciências. Rezar pela chegada das vacinas. Desbravar a solidão para que se torne a solitude.

Agora é com você, topa o desafio? Não deixe de postar seu texto e marcar a Lura_Editorial nas suas redes sociais @lura_editorial

#luraeditorial #desafiovidadeescritor

MONIQUE BONOMINI

instagram.com/moniquebonomini
moniquebonomini.medium.com

DESAFIO

Todo mundo já passou por um momento em que teve vontade de entrar em um buraco. O jeito é transformar constrangimento em história.

Conta aí o maior mico da sua vida.

Quando fui estagiária em um escritório de advocacia, conhecia os funcionários do fórum da cidade e também a fama dos juízes. Um não era dado a civilidades, intransigente, outra era cordial, solícita, e tinha o Dr. Isac, juiz criminal, o mais antigo presidente do fórum, autoridade à moda antiga, das que posam ao lado do prefeito e do médico. Respeitoso. E apesar de polido com os advogados, não admitia inovações nas audiências, e reprimia severamente os réus que não cooperavam, aguardando uma promoção para o tribunal, figura notável no meio jurídico da região.

Nossas histórias se cruzaram quando fui à Cafeteria comer uma coxinha antes da aula. O Dr. Isac estava lá com um funcionário que eu conhecia e quis saber como ia o meu chefe, respondi e segui, pegando um sachê de mostarda.

Para muitos abrir um sachê é coisa inofensiva, mas não para mim. Tentei a todo custo abrir a embalagem e só consegui esgarçar o plástico, que de tão fino supus que romperia com uma leve pressão, e estava certa, só não previ que ao invés de ir para a coxinha toda a mostarda fosse parar no paletó do Dr. Isac. Todos perceberam, menos ele, que somente notou algo errado pelo silêncio mortificante que tomou conta do ambiente.

Pálida, juntei um punhado de guardanapos e me ofereci para limpar, pedi desculpas sob olhares atônitos, mas ele não respondeu, mal me encarou, tirou o blazer, não se despediu e foi embora levando com a ponta dos dedos o troféu da minha inabilidade. Por dias temi que ele me identificasse e mandasse a conta da tinturaria... já falei que eu era estagiária? Depois pensei que o meu chefe sofreria retaliações nos seus processos... nada disso. Um tempo depois, no entanto, encontrei na faculdade uns professores rindo, um deles me parou e perguntou: *você conhece a estagiária doida da sua cidade que tacou mostarda no juiz?*

Agora é com você, topa o desafio? Não deixe de postar seu texto e marcar a Lura_Editorial nas suas redes sociais @lura_editorial

#luraeditorial #desafiovidadeescritor

FERNANDA COSTA

instagram.com/fernandaescritora
skoob.com.br/usuario/1916951-ferfas

"*Felicidade só é real, quando compartilhada*", frase do filme *Na Natureza Selvagem*.

DESAFIO

Se sua vida fosse uma história e estivesse na metade, tendo em vista a expectativa de vida mediana por volta dos 75 anos, como anda nos tempos atuais, como seria contada a história a partir de agora?

Qual final possível você escolheria para a sua própria história?

No auge dos seus 35 anos, uma mulher estaria lançando currículos ao vento, como de costume, e como tem feito nos últimos seis anos. E de repente o seu destino muda.

Final um: ela consegue recolocação profissional dentro da sua área de formação. Neste emprego novo na contabilidade de uma empresa grande e multinacional, ela conheceu um homem, do mesmo setor que ela e as faíscas e atrações foram inevitáveis diante de sua expectativa de realizar dois sonhos numa paulada só. A mulher aos poucos foi crescendo na empresa e no relacionamento. E juntos, além de construírem uma lindíssima família, também deram o pontapé inicial para montar e empreender dentro do próprio negócio. Com um começo difícil, porém perseverante, eles conquistaram o seu espaço, agora com a marca da sua própria empresa já muito bem consolidada no mercado. Mas a vida pode ser muito dura quando você se encontra na sonhada posição de chefe. Mesmo assim, juntos, eles venceram todos estes desafios e desfrutam agora de uma vida de sonhos merecidas, fruto de muito trabalho árduo e abdicações. Envelheceram juntos e acompanharam de perto o crescimento e sucesso dos filhos ao longo da vida. Morreram lado a lado, de mãos dadas, no auge dos 85 anos aproximadamente, de causas naturais, enquanto ambos dormiam.

Final dois: conquistou sozinha, a duras penas, o seu tão sonhado negócio no ramo alimentício. Cresceu como pessoa, cresceu como mulher. Desfrutou do prazer da própria companhia. Investiu dinheiro em tratamentos de fertilização e realizou o sonho da maternidade através de uma inseminação artificial. Sua filha cresceu forte e bonita e se tornaram grandes amigas. Fizeram viagens inesquecíveis. E a filha, agora já adulta, transformou o pequeno negócio da mãe em uma grande franquia com mais de 100 lojas pelo país, deixando a mãe extremamente orgulhosa antes de morrer tranquilamente e satisfeita por conta de causas naturais aos 90 anos.

Agora é com você, topa o desafio? Não deixe de postar seu texto e marcar a Lura_Editorial nas suas redes sociais @lura_editorial

#luraeditorial #desafiovidadeescritor

INGRID ROCHA

instagram.com/a.ingridrocha

> *Não acho que todos tenham a pretensão de escrever o maior romance do século, mas todos sonhamos poder contar as nossas histórias - descobrir nossa maneira de pensar, sentir e ver as coisas antes que a morte nos leve",*
> Natalie Goldberg.

DESAFIO

Você é o personagem dessa história.

Conte uma lembrança sua como se fosse um narrador.

Todo mundo já passou por algum momento constrangedor ao longo da vida, mas estes momentos também já renderam muitas gargalhadas. Ingrid gostava de passear ao lado de sua mãe e de sua melhor amiga D.

A lembrança do dia constrangedor de Ingrid é de um passeio. Ela, apesar de aparentar ser tímida, adorava interagir com as pessoas e com os coleguinhas da escola. De mãos dadas com D e sob o olhar atento da mãe, Ingrid saltitava, empolgada, pela calçada, o movimento de pessoas lhe encantava.

Distraídas, avistaram de longe alguém e imediatamente apontaram como sendo uma coleguinha de classe. Já preparadas para puxar assunto, aguardaram se aproximar. Quando parecia que já estavam pertos o suficiente, gritaram sonoramente um *olá* e o nome da colega, a garota olhou assustada para as duas, e se encolheu contra a mãe. Todos ao redor olharam de relance como se não estivessem entendendo nada e seguiram com as suas vidas.

Envergonhadas, Ingrid e D constataram que se enganaram, que aquela menina era apenas parecida com a amiga delas. Abaixaram a cabeça e caminharam por um tempo ainda em silêncio, depois a mãe de Ingrid pagou-lhes um sorvete e as duas riram do que tinha acontecido.

Mas como toda criança é livre de inibições, ao chegarem à escola na segunda-feira, foram logo contando para a colega sobre a confusão no final de semana. No fim, todos riram juntos sobre o que aconteceu e depois voltaram a brincar normalmente.

Agora é com você, topa o desafio? Não deixe de postar seu texto e marcar a Lura_Editorial nas suas redes sociais @lura_editorial

#luraeditorial #desafiovidadeescritor

PROFESSOR CHICOLEITE

instagram.com/professorchicoleite

DESAFIO

O que você dirá para o seu anjo da guarda?

Deixe-me livre, para que assim eu possa entender o tamanho da responsabilidade que pesa sobre os meus ombros;

Guie-me pelos labirintos das contradições, para que eu possa entender que a vida percorre caminhos tortuosos, um complexo de paradoxos e complexidades raramente controláveis;

Acende a minha consciência em favor da bondade sempre que dentro de mim um bichinho, chamado egoísmo, avançar sobre o meu querer ensimesmado.

Acalme-me

Afague-me

Acorde-me: Eu quero paz!

Mas,

Ensine-me que eu sou um pontinho minúsculo, amalgamado, em uma teia gigantesca de outros pontinhos que também têm umbigo, e sentem dor, e choram e precisam da seiva da vida como eu;

Percorra as minhas decisões, direcione-as, e dos meus olhos exclua a fumaça que só vem para mim;

Perscrute os meus desejos e, para a minha esperança, some a de outros, porque o amor é um bicho de muitos braços, não somente os meus que são braços brutos em favor de mim;

Burile-me

Beije-me

Revolte-me: Eu quero paz!

Diga-me: Tu és pó, mas toda poeira guarda dentro de si uma avoante inquieta;

Pare-me: Porque asas de cera não podem se achegar ao sol;

Empurra-me! Eu, finita alma sou assim, potência e vontade a querer movimento;

No mais, guarde-me. Eu sou estrela perdida nesse universo de meu Deus!

Agora é com você, topa o desafio? Não deixe de postar seu texto e marcar a Lura_Editorial nas suas redes sociais @lura_editorial

#luraeditorial #desafiovidadeescritor

GLÁUCIA MONTIN

instagram.com/glau_montin
facebook.com/glaucia.montin

"*Inspiração é respirar sonhos em meio à poluição de desânimos diários*", João Doederlein.

DESAFIO

Escrever em versos rimados sobre a sua inspiração para a escrita

Ai de mim, se faltar inspiração
Para escrever meus pensamentos
Num papel, parede ou cartão
Gritar ideias aos quatro ventos.

Para escrever de amor,
É preciso amar
Para falar de dor,
Só imaginar.

Para se ter alegria
Precisa ser otimista
E agir com sabedoria
Buscando sua conquista

Nem pensar em fugir
Dos problemas dessa vida
Mas enfrentar e agir
Seguir com a alma sofrida

Quisera um dia despertar
Contente e bem disposta
E bem saber argumentar
Ter sempre uma boa resposta

Correr entre os espinhos
Sem perigo de machucar
Para olhar aquele ninho
Do pássaro que está a voar.

Mas se um dia não estiver muito bem
Tenha pensamento leve e positivo
Nada pode lhe afetar muito além
Do sentimento mais primitivo.

E se for para o campo colher
As flores lindas de um jardim
Corra ao alto da colina para ver
Violetas, rosas, bromélias e jasmim.

A noite chega devagar e escura
Para, enfim, voltar à minha casa
Pensamentos viajam na loucura
Queimando o dia vivido como brasa

E tomara que amanhã
Eu acorde sorridente, bela e feliz
Vou tomar chá de hortelã
Ou saborear croissant lá em Paris.

Agora é com você, topa o desafio? Não deixe de postar seu texto e marcar a Lura_Editorial nas suas redes sociais @lura_editorial

#luraeditorial #desafiovidadeescritor

YASMIN RIZK

instagram.com/andorinhar

> *Subnutrido de beleza, meu cachorro-poema vai farejando poesia em tudo, pois nunca se sabe quanto tesouro andará desperdiçado por aí... Quanto filhotinho de estrela atirado no lixo!"*, Mário Quintana.

DESAFIO

Fácil ser humano, mas você já pensou o que sentiria se fosse uma árvore, uma formiga ou um pássaro? Explore as inúmeras formas de vida que há na natureza e coloque-se no lugar de uma delas.

Será que somos tão diferentes assim?

Quando dei por mim estava dentro de uma sala escura, apertada pelas paredes de uma casca grossa e enrugada. No início não sabia onde eu estava.

Apenas existia e senti-me segura por isso. O conforto abraçava-me como uma mãe.

Mas, de súbito, senti uma força empurrando-me contra a minha casca e, assustada por me ver nadando entre grânulos de um pó denso e escuro que ainda não conhecia, ergui-me em direção a uma luz que me cegou. Silêncio. A calma da luz me preencheu.

O desespero cessou. Pude sentir o cheiro quente daquele pó úmido inundando minhas narinas. A luz daquela bola de fogo no céu iluminava minhas células, vibrando cada átomo do meu corpo. Paz. Passava os dias buscando cada vez mais aquela energia que me alimentava, que fazia correr em mim vida. Um dia percebi que já não era mais tão pequena. Em volta de mim havia miúdas plantas e frondosas árvores.

Meus cabelos verdes entrelaçavam-se com os de minhas irmãs. Éramos uma, éramos casa. Um dia tudo ruiu. Vi uma espécie sobre duas patas correndo com gritos que eu não entendia. Roubaram minhas irmãs e as transformaram em fogo. Fiquei sozinha ali, vendo uma cidade surgir ao meu redor. Transformei-me em uma espiã, silenciosa a observar o dia a dia. Guardei pássaros em seus ninhos, alimentei bichos que pulavam. Fui sombra para namorados, guardei segredos que não eram meus. Vi gente me ameaçando, querendo por cima de mim passar. Mas, no fundo, não tinha medo. O Sol (nome que descobri ser da bola de fogo no céu) era o que me alimentava.

O que me confortava era a gente que, por mim, lutava.

Agora é com você, topa o desafio? Não deixe de postar seu texto e marcar a Lura_Editorial nas suas redes sociais @lura_editorial

#luraeditorial #desafiovidadeescritor

SÉFORA OLIVEIRA

instagram.com/circulodehistorias
instagram.com/sefora_oliveira_autora
circulodehistorias.wordpress.com

DESAFIO

O aumento assustador dos indicadores de violência contra as mulheres chama a nossa atenção. Que tal escrever um texto sobre este assunto?

Ou um conto sobre uma vítima de violência doméstica?

Saco de areia

"Grite. Peça socorro", alarmou o meu cérebro, mas, nenhuma palavra saiu da minha boca. Apenas sons desconexos e gemidos. Os murros se sucediam, rápidos e certeiros, tal qual um boxeador treinando em seu saco de areia, mas, no caso, o saco era eu. Comecei a ver luzinhas cintilantes em minha frente, sinal que perderia os sentidos a qualquer momento. Resisti. Se eu caísse no chão ele me chutaria. Na última vez fraturou três das minhas costelas e passei vários dias internada no hospital. Inventei muitas mentiras para o médico sobre uma queda da escada. Minha família nem foi informada, meu marido ficou responsável por mim.

A campainha da porta ressoou, fazendo-o parar de me bater.

— Silêncio. Nem um pio ou te mato!

Concordei com um balançar de cabeça. Nem que eu quisesse conseguiria dizer algo, minha boca está machucada, inchada e sangrando. Doía demais para falar. Além do mais, estava tonta e só permanecia em pé devido ao apoio da parede.

— Polícia! Sabemos que estão aí! Melhor abrir a porta ou vamos arrombar!

Dois minutos depois ouvimos o som da porta sendo aberta com violência. Dois policiais com armas em punho e a minha vizinha, uma senhora vestida em um robe doméstico, apareceram na portada. Ele me largou e elevou as mãos. Eu escorreguei pela parede até o chão, o corpo tremendo em um choro convulsivo. Minha vizinha me acalentou. A coitada passou incontáveis noites, ouvindo os gritos dele, meu choro, objetos sendo atirados e minha cabeça batendo repetidas vezes na parede contígua ao seu apartamento. Em algumas noites, bateu na porta da frente fingindo que precisava de açúcar ou café, interrompendo a minha morte. Quando fui parar no hospital foi me visitar, me deu conselhos. Avisou que nunca terminava bem para o saco de pancadas. Eu não a ouvi. Tive medo. Agora ela veio com a polícia.

Meu marido foi algemado e levado para a delegacia. Não sem antes me dirigir um olhar de aviso. Eu o ignorei. A vizinha repetiu o conselho, naquele dia eu a ouvi e o denunciei. Ele foi preso e condenado pela Lei Maria da Penha. Nunca mais o vi.

Agora é com você, topa o desafio? Não deixe de postar seu texto e marcar a Lura_Editorial nas suas redes sociais @lura_editorial

#luraeditorial #desafiovidadeescritor

A FILHO

instagram.com/afilho84
afilho84-modeon.blogspot.com

> "*Há um tempo em que é preciso abandonar as roupas usadas, que já tem a forma do nosso corpo, e esquecer os nossos caminhos, que nos levam sempre aos mesmos lugares. É o tempo da travessia: e, se não ousarmos fazê-la, teremos ficado, para sempre, à margem de nós mesmos*", Fernando Pessoa.

DESAFIO

Esperar na maioria das vezes não é bom. Uns esperam as férias no fim do ano, o salário no fim do mês, o sábado no fim da semana. Há quem espera ganhar na loteria e aqueles que esperam a vida melhorar. Mas pode ter espera boa também: os nove meses para o nascimento de um filho, a espera de encontrar a pessoa amada, ou ainda, a de um filme começar, quando as luzes do cinema vão se apagando e o cheirinho de pipoca subindo.

O que você espera?

Esperava o ônibus há quarenta minutos, pensou encontrar lugar para se sentar, mas, gentil, esperou uma senhora entrar na sua frente. Teve de esperar o seu destino em pé. Após uma hora de viagem esperava estar em casa, colocar pernas para o ar, mas o marido a esperava para fazer o jantar. Não quis esperar, livrou-se logo daquela obrigação esperando que o homem demonstrasse gratidão, que lavasse a louça, mas a espera foi em vão. Com novela, esperou o sono, foi dormir esperando renovar-se. No dia seguinte não esperou, estava atrasada. Esperava conseguir chegar antes do chefe. Após um conjunto de tarefas, esperava fazer uma pausa, mas logo surgiram mais demandas.

Lembrou-se: sexta. Ansiosa esperou pelo fim do dia, entraria no fim de semana sem esperas.

O telefone toca, seus pais esperavam visitá-la no sábado. Gostava, mas esperava um tempo para si, porém mostrou-se disponível. Foi ao mercado no sábado cedo, esperando encontrá-lo vazio. Nada feito. Fila no açougue, padaria, caixa, logo mais espera. Fez o almoço, esperou que chegassem. Depois da visita, esperava relaxar, mas o marido esperava atenção. Quando poderia se curtir era tarde, o sono não esperou. Domingo de manhã esperava sair do atraso, teria o seu descanso sem espera. Cedo o seu filho chegou no quarto, tivera um pesadelo, precisava dela. Não esperou, atendeu-o.

Não só ao filho, durante o dia supriu expectativas do marido, vizinha, amiga. O dia não esperou, estava acabando.

Logo seria segunda teria de esperar a semana passar para outra oportunidade de "folga". Seu compromisso consigo era urgente, tinha que ser naquela hora. Desligou o celular, saiu, no shopping presenteou-se, esperava um Victor Hugo, mas foi aquele mesmo, sozinha com seus próprios pensamentos esperou por um chá, enquanto folheava um livro. Não esperou e o levou para deleite.

Esperava em casa, dormindo. Pode-se esparramar no sofá com seu livro novo, mas o sono, esse apressado, mais uma vez não esperou. Já era segunda, não podia mais esperar, estava atrasada.

Agora é com você, topa o desafio? Não deixe de postar seu texto e marcar a Lura_Editorial nas suas redes sociais @lura_editorial

#luraeditorial #desafiovidadeescritor

CRISTINA COSTA

instagram.com/vaddac

DESAFIO

Escreva sobre suas experiências com o fim de algo: como você lidou com o final de um relacionamento amoroso? Ou com o fim de uma grande amizade?

Como encarou o final de um curso ou de um emprego?

O fim de uma jornada inicialmente parece ser o fim de tudo. Por exemplo: término de faculdade. Ok, recebeu seu diploma, um (quase) prêmio de consolação por sobreviver durante todos aqueles anos acadêmicos. Acabou tudo, pode começar a trabalhar, mostrar o que aprendeu naquele local. É, então, que bate o desespero: *o que fazer?*

Sim, o que fazer depois do fim da faculdade? Muitas vezes entramos lá cheios de esperança, mas acabamos saindo de lá de outra maneira. Mas, certo dia você acaba se dando conta que aquele fim não é mesmo o final de tudo e consegue um emprego. Ou começa um negócio próprio. Ou, ainda, inicia um novo curso superior porque, sinceramente, estudar e estagiar é melhor do que ficar desempregado.

Um dia você termina um namoro. Ou noivado. Ou casamento. Dependendo de quanto investiu nesse relacionamento, o término será pior, difícil, assim como o sofrimento. E, dependendo de como terminou, amigavelmente ou não, lidará bem ou nem tanto. Mas, a princípio, parece que não há esperança, que nunca mais amará alguém e sentirá apenas o desespero, a insegurança. Então, eis que um dia você arranja alguém, volta com o antigo amor, ou pensa que ficar sozinho é a melhor opção.

E o fim de uma amizade? Não é triste quando damos adeus à uma grande amizade? Terminar com um amigo, seja por briga, intriga, desentendimentos, ou por causa da vida, não é doloroso? Não parece desesperador? Mas, eis que um dia você começa uma nova amizade, ou, melhor ainda, retoma a antiga! Que bom, não?

Nossa vida é repleta de inícios e fins. É o ciclo inevitável. Sim, o fim pode parecer o fim de TUDO que amamos, conhecemos, nos importamos, mas também pode ser o começo de uma nova jornada que um dia pode ter o seu fim próprio.

Agora é com você, topa o desafio? Não deixe de postar seu texto e marcar a Lura_Editorial nas suas redes sociais @lura_editorial

#luraeditorial #desafiovidadeescritor

VERIDIANA AVELINO

instagram.com/veridiana_avelino
medium.com/@veridianaavelino

> *Não é da conta deles que você tenha que aprender como escrever. Deixe-os pensarem que você nasceu assim"*, Hernest Hemingway.

DESAFIO

Escreva sobre a primeira paixão, o primeiro amor. Como foi? Que emoção sentiu? Se ainda não teve o seu primeiro amor, seja criativo!

Invente um!

Nem preciso comentar que nunca o namorei, afinal, primeiro amor tem que ser platônico, senão, nem vale a pena ser narrado. Além disso, bom é aquele amor que você sofre um pouco para dar mais valor ao sentimento.

E é um amor não correspondido que nos faz acordar e ir dormir pensando em como seria um beijo naqueles lábios macios ou um abraço quentinho, cheio de afeto. Depois sonhamos com esses momentos, embora não aconteçam. É até preferível, pois às vezes quando acontece, perde a graça e ficamos sem nada para sonhar.

Bem, meu primeiro amor foi assim e eu nem cogitava namorar, até pela minha idade (aproximadamente 13 anos), mas só o fato de ter em quem pensar com carinho me sentia bem.

A timidez corroía até a minha alma, e quando os nossos olhares se cruzaram, eu abaixava os meus para que ele não lesse claramente: *"Ei, garoto, estou perdidamente apaixonada por você"*.

Nos eventos da escola, quando ele buscava a atenção daquela garota bonita de brilho nos lábios da outra turma, minha vontade era puxar com bastante força aquele cabelo. Ciúmes? Na época eu nem sabia que existia. Hoje, penso que era o que sentia.

Os contatos que tínhamos eram para discutir algum problema aritmético. O fato de ser estudiosa me ajudava.

E como era bom estar junto dele, ver de perto aqueles olhinhos pretos e nariz levemente arrebitado. Ele era gentil, a turma gostava dele. Era o garoto popular que jogava futebol e conversava com todos.

Então as férias vieram e com elas direcionei meus pensamentos para fazer das minhas bonecas as mulheres mais felizes do mundo com os seus namorados que as amavam. Imaginava que era eu e ele vivendo o *"felizes para sempre"*.

Anos passaram e outro dia vi meu amor infantil. Estava casado, com filhos, lutando como todo pai de família para prover as necessidades dos seus. Os anos lhe deixaram mais marcas do que deveria. Acredito que seus projetos ficaram pelo caminho.

Com isso, lembrei-me da frase de um saudoso compositor: *"Nem sempre o primeiro amor é o primeiro namorado"*.

Agora é com você, topa o desafio? Não deixe de postar seu texto e marcar a Lura_Editorial nas suas redes sociais @lura_editorial

#luraeditorial #desafiovidadeescritor

ANTENOR MARIO

instagram.com/antenormario

> *Cada dia é um dia para amar, amar a vida. Cada dia é dia de buscar, buscar o que acredita. Usar o que te ensinaram para aprender mais. Sempre ouvir, ouvir quem fala. Sempre falar, falar quando é preciso"*, José Mario.

DESAFIO

Quem será você no futuro?

O futuro não sabemos como será, mas podemos construir e/ou preparar aos poucos.

Na vida buscamos aprender com tudo e isso nos tornar pessoas cada vez melhores, seja pelo acerto ou erro, tudo nos ensina a ser pessoas melhores.

São nossas escolhas que nos leva aos lugares que acreditamos e que sempre sonhamos. Porque sonhar é voar para onde acredita.

Sempre se lembre que tudo dependerá de você para que possa acontecer. Ao confiar no que está no seu coração, seguindo-o, tudo irá dar certo.

A vida nos enche de oportunidades e cada uma nos dá uma chance de ser quem somos, a essência que temos.

Apaixonado esteja pela vida.

Cada ser humano é um diamante, que precisa ser lapidado. Cada ser humano precisa descobrir o que quer construir.

Os dias da vida são as páginas do livro que escrevemos ao longo de nossa vida, de nossa trajetória.

Então, o que queremos ser? O que devemos ser no futuro? Dependerá do que você quer! Ou seja, do que está nas suas decisões, no seu coração.

Ao descobrir todas as manhãs, nas primaveras, você verá a felicidade surgir dentro de você.

Sonhos são combustíveis para chegar ao final de nossa trajetória.

Cada momento de nossa vida é repleta de gentileza, pois a vida é gentil conosco nos oferecendo, em sua essência, dias para viver e correr atrás do que acreditamos.

A vida não é ruim, e se ela parecer difícil, lembre-se que o amor deixará tudo leve. Na leveza que o amor trás, você descobrirá que tudo que passamos é importante.

Quem será você no futuro? É uma coisa que pode sim descrever hoje, mas somente você poderá fazer isso.

Não basta somente falar, tem que viver, viver as palavras que saem da boca, as emoções que nascem dos sentimentos, que estão em nossos corações. O futuro é isso, é acreditar, acreditar no amor, na vida e na alegria, ou melhor, na imensa felicidade que é tudo que a existência é.

Agora é com você, topa o desafio? Não deixe de postar seu texto e marcar a Lura_Editorial nas suas redes sociais @lura_editorial

#luraeditorial #desafiovidadeescritor

CRISTIANO MARTINS DE OLIVEIRA

instagram.com/livroscristiano
facebook.com/livroscristiano
livroscristiano.blogspot.com

"*A resposta certa, não importa nada: o essencial é que as perguntas estejam certas*", Mário Quintana.

DESAFIO

Escreva várias palavras aleatórias em uma folha ou faça pequenas fichas com elas. Em seguida, escreva uma história usando essas palavras.

Minhas palavras: Elefante, caneta, helicóptero.

Héliote sentiu que algo cutucara o seu corpanzil. Um misterioso objeto caíra do céu. O sábio animal reconheceu, já vira aquela coisa antes nas mãos dos humanos que visitavam o zoológico, inclusive dos seus cuidadores que sempre mantinham uma a fazer anotações.

O elefante apanhou a caneta delicadamente, e, numa parede próxima escreveu: *"CASA"*. Ao raiar do dia, seus tratadores espantaram-se com tal escrito incomum. O zoológico ficou em alvoroço. Logo a notícia se espalhou e todos queriam ver o elefante que sabia escrever. Os estudiosos foram chamados. Convencionou-se chamar de um caso raro.

Para não estressar o animal, nem deixar o público perder o gosto pelo evento, os testes com a escrita eram feitos esporadicamente.

Certo dia, notando que o animal estava triste, um de seus tratadores pegou uma grande lousa e o pediu que escrevesse o que ocorria. Com a tromba balançando de um lado para o outro as letras iam tomando forma. *"LAR"*, foi o que ele escreveu. O Tratador, então, resolveu levar o caso para os biólogos do local. Reuniram-se e muito se debateu sobre o que aquilo queria dizer. Até que o Tratador presente sugeriu: "perguntemos para Héliote". E assim foi feito.

Todas as equipes das mais renomadas linhas de pesquisa estavam presentes. Foi quando o elefante apenas escreveu: *"QUERO"*. As outras folhas que ele escrevera estavam sobre uma mesa, próxima. Então ele as pegou e organizou: *"QUERO LAR"*. Todos silenciaram-se, sabiam o que ele queria, mas em nome da ciência poderiam isso permitir?

Na tarde do mesmo dia um helicóptero transportava o elefante dentro de um contêiner para algum lugar. O local estava escuro e não era muito espaçoso. De repente um solavanco. A grande caixa de metal foi aberta. As vistas de Héliote ofuscaram-se com a claridade externa. À medida que sua visão se adaptava, podia ver que outros iguais se aproximavam. Olhou ao redor e viu a vegetação da savana, sentiu em seus pés um solo diferente. Estava com o seu grupo, livre e contente.

Agora é com você, topa o desafio? Não deixe de postar seu texto e marcar a Lura_Editorial nas suas redes sociais @lura_editorial

#luraeditorial #desafiovidadeescritor

VANESSA UTZIG W.

instagram.com/utzigvanessa
vanessautzig.medium.com

> *A verdadeira viagem de descobrimento não consiste em procurar novas paisagens, e sim em ter novos olhos"*, Marcel Proust.

DESAFIO

Escreva sobre um lugar onde nunca esteve, sem mencionar que lugar é esse, de modo que o leitor possa identificar onde é.

Nunca me imaginara ali. Até já sonhara, mas nunca de fato com aquela convicção de quem deseja muito e afirma: *"Um dia vou conhecer esse lugar"*. E aqui estou, extasiada, sensacional! As sensações inundando os meus sentidos. E buscando palavras para descrever a emoção e o encantamento de estar aqui, onde jamais de fato sonhara vir. Quisera mesmo visitar a tia e as primas, que para cá vieram morar há tantos anos, e desde então só pudemos nos ver três vezes, sendo que na última vez foi no velório do Vô. Nunca mais soube de voltarem ao Rio Grande do Sul. E agora chegou a minha vez de visitá-los nesta terra maravilhosa. E neste lugar lindo há um especial, embora soubesse de sua enormidade, mas nunca nem pensei em seu tamanho especificado, tanto de altura, quanto de largura e qualquer outro detalhe. Agora que estou diante do estrondoso vulto, tomei conhecimento das dimensões. Pode-se dizer que tem mais de 30 metros de altura e pesa mais de mil toneladas. Uau! Feito de concreto armado e pedra-sabão, tamanha grandeza esculpida por homens, em Art Deco, *mon amour*. Mais de 700 metros acima do nível do mar, de onde se vê toda a beleza que não se pode abraçar senão daqui.

O percurso de trem é um encanto extra, digo até extraordinário, quase como uma viagem no tempo, é difícil explicar. O verde e o urbano harmônicos, e nesta trajetória o verde predomina. Que encantador percorrer esses trilhos! Quisera mais vinte minutos neste passeio que nos conduz ao ponto tão aguardado. Mas que nada, chegamos afinal, e ainda precisamos andar mais um pouco, alguns lances de escada, até melhor que elevador. Cá estou, maravilhada, contemplando aqui no alto toda esta beleza, natureza e concreto, natureza e arte, natureza e fé. Beleza pura. De um Rio para outro, que continua lindo.

Agora é com você, topa o desafio? Não deixe de postar seu texto e marcar a Lura_Editorial nas suas redes sociais @lura_editorial

#luraeditorial #desafiovidadeescritor

BEATRIZ R. PELLEGRINA

facebook.com/bea.pellegrina
instagram/beapellegrina

DESAFIO

Escreva sobre uma situação que houve uma mistura de sentimentos, sendo bons e ruins, como medo, insegurança, tristeza, esperança e alegria.

Você já se imaginou escrever uma situação com tantos sentimentos?

A situação que está ocorrendo atualmente pelo mundo é a pandemia da COVID-19 sendo pela contaminação da doença ou por ter desenvolvido a depressão durante o tempo de isolamento social. Em ambas as situações geram a combinação desses sentimentos, sendo a maioria deles ruins.

Os primeiros sentimentos que vem são o medo, insegurança e a tristeza. O medo e a insegurança de ser contaminada pela COVID-19, de precisar de um leito de enfermaria ou UTI e não conseguir devido ao colapso na saúde com os hospitais lotados e de passar a doença para os seus familiares.

A tristeza é o sentimento que as pessoas estão mais sentindo quando um parente próximo vai a óbito pela doença e pelas complicações dela, porque não sabemos como cada pessoa irá reagir à doença.

Temos a esperança de que diminuem os óbitos pela doença em meio da pandemia, com a vacina, e enquanto não conseguirem imunizar toda a população, é importante relembrar da das medidas preventivas e suas relevâncias, como o distanciamento social, a utilização corretamente da máscara e a aplicação do álcool gel.

Uma das lições que precisamos tirar da pandemia é ter mais empatia, colocar-se no lugar do outro. Não precisamos perder um familiar para sentir uma perda ou a alegria dele conseguir superar a doença. Precisamos continuar com as medidas preventivas para não deixar a moléstia entrar em casa.

Por último, o sentimento de alegria quando muitas pessoas conseguem se recuperar da doença e quando vemos as vacinas chegarem nos braços dos nossos avós e a população sendo vacinada. As pessoas precisam entender a importância da vacinação! Quanto mais pessoas vacinadas, mais ocorrerá a diminuição da circulação da COVID-19 e por isso é importante que aumente a quantidade de vacinas no país, para todos terem o direito de se vacinarem. Mas não podemos esquecer que precisamos continuar com as medidas preventivas mesmo após tudo isso.

Agora é com você, topa o desafio? Não deixe de postar seu texto e marcar a Lura_Editorial nas suas redes sociais @lura_editorial

#luraeditorial #desafiovidadeescritor

TÂNIA THEOPHILO

instagram.com/taniatheophilo.autora

> *Escolha uma pessoa que olhe para você como se fosse magia*", Frida Kahlo.

DESAFIO

Escreva sobre amor e magia.

A Cartomante

Bem que tentou, só não conseguiu dar nenhum passo a mais. As pernas tremiam e formigavam. O corpo não obedecia. Suspirou profundamente, tentando puxar o ar que teimava em não subir, entalado na traqueia.

Abaladíssimo, parou junto a um poste no fim da rua. A cabeça girando denunciava uma tontura que, com toda certeza, o nocautearia a qualquer momento. Apoiou a mão em cima de um cartaz antigo, mal colado, com as pontas rasgadas. Chorou compulsivamente. Pouco se importou se passaria alguém para vê-lo naquela situação. Um homem corpulento, de feições definidas, quase esculpidas em fúria espartana, deixava-se vencer por uma única frase dita: *"Está tudo acabado entre nós!"*.

Meia hora depois, enxugou o rosto e se recompôs. Sem a mão escorando o corpo no poste, leu o anúncio do cartaz: "*Trago a pessoa amada de volta*". Era tudo que precisava.

Sem hesitar, caminhou guiado pela urgência e, pouco depois, chegou ao endereço. A casa era tão comum que sequer parecia abrigar uma suposta magia. A rua estava deserta e o interior da morada silencioso. Sem ver uma campainha, bateu palmas e foi logo atendido. Uma linda mulher, vestida de cigana, abriu a porta e o convidou para entrar. Deixou-se conduzir para um quarto nos fundos, apenas separado dos demais por uma cortina de veludo vermelho, cheirando a cigarro. Detestava cigarros, velas acesas e perfume barato. Tudo que encontrara naquele lugar.

Sentou-se na cadeira oferecida. Contou sua história e, diante das cartas postas, recebeu a promessa de reconquistar o seu amor ou ter seu dinheiro de volta.

Pagou sem titubear.

Por três dias retornou para se consultar e seguiu à risca todas as orientações.

Seu amor não voltou, mas também não pediu seu dinheiro de volta.

Não podia e não queria. Tinha um novo e mágico amor.

Agora é com você, topa o desafio? Não deixe de postar seu texto e marcar a Lura_Editorial nas suas redes sociais @lura_editorial

#luraeditorial #desafiovidadeescritor

ALAN DAVID DUARTE

instagram.com/pensamentos_no_papel_

DESAFIO

Diálogo é importante para as nossas relações, e também para os romances que escrevemos.

Escreva um diálogo direto (sem narrador) entre dois personagens contando uma notícia, uma história, ou simplesmente jogando conversa fora.

— Ainda bem que cheguei a tempo.
— Aconteceu alguma coisa?
— Não, não aconteceu nada. Está tudo bem.
— Ah, que bom. E o que você veio fazer aqui?
— Bem, eu vim correndo pra chegar antes de você entrar naquele avião.
— Por quê?
— Porque eu preciso te falar algo e não posso esperar você voltar de viagem daqui a duas semanas.
— Assim você me assusta. Tem algum problema que eu não sei? É sobre o trabalho? Porque eu tô de férias e não queria falar sobre trabalho durante as próximas semanas, sabe?
— Não, não é sobre trabalho. Se acalme.
— Melhor assim. Não quero estragar as minhas férias com alguma informação sobre trabalho. Agora me deixe pensando durante a viagem.
— Eu nunca faria isso. Você tem que aproveitar as suas férias sem pensar em problemas de trabalho. Afinal, já tá planejando essa viagem há tanto tempo.

— Estou mesmo. Minha primeira viagem internacional. Um *tour* pela Europa. Sempre sonhei com isso e estou muito feliz de poder realizar.

— Também fico muito feliz por você. Tenho certeza que vai gostar. E merece muito esse presente que você se deu. Foi com o seu trabalho que você conseguiu.

— Sim. Estou me planejando desde que comecei a trabalhar. Economizei tudo que pude pra realizar esse sonho.

— Eu sei. Acompanhei uma parte desses planos.

— Pois é. Muitas pessoas não entendiam quando eu falava que não poderia ir às festas com elas.

— Você sempre manteve o foco.

— Exatamente. Nem tô acreditando que finalmente consegui.

— Sim, você conseguiu.

— Acho que já tá na hora do embarque. Preciso ir.

— Ah, sim. Boa viagem.

— Mas você não me disse o que veio fazer aqui. Afinal, você não veio até aqui só pra ter uma conversa dessas que temos sempre.

— Não, não mesmo.

— E então, o que é?

— Eu vim com convicção de que deveria te falar, mas agora não sei se devo mais.

— Você não vai me matar de curiosidade. Você sabe como eu sou!

— Sim, eu sei. Mas não sei se vou ter coragem agora.

— Meu voo já tá saindo... se não tiver coragem agora, vai ter que esperar eu voltar.

— Não posso esperar.

— Então diga.

— Eu te amo.

Agora é com você, topa o desafio? Não deixe de postar seu texto e marcar a Lura_Editorial nas suas redes sociais @lura_editorial

#luraeditorial #desafiovidadeescritor

Este livro foi composto por letra em Adobe Garamond Pro
11,0/15,5 e impresso em papel Pólen Soft 80g/m².